प्रियदर्शन

प्रियदर्शन का जन्म 24 जून, 1968 को राँची में हुआ। आपने अंग्रेज़ी में राँची विश्वविद्यालय से एम.ए. की पढ़ाई करने के बाद उसी शहर से पत्रकारिता की शुरुआत की।

ज़िन्दगी लाइव (उपन्यास); *बारिश, धुआँ और दोस्त, उसके हिस्से का जादू* (कहानी-संग्रह); *नष्ट कुछ भी नहीं होता* (कविता-संग्रह) सहित नौ किताबें प्रकाशित। कविता-संग्रह मराठी में और उपन्यास अंग्रेज़ी में अनूदित। सलमान रुश्दी और अरुंधति रॉय की कृतियों सहित सात किताबों का अनुवाद और तीन किताबों का सम्पादन। विविध राजनैतिक-सामाजिक-सांस्कृतिक विषयों पर तीन दशक से नियमित विविधतापूर्ण लेखन और हिन्दी की सभी महत्त्वपूर्ण पत्र-पत्रिकाओं में प्रकाशन।

सम्मान : कहानी के लिए पहला 'स्पन्दन सम्मान'।

सम्पर्क : ई-4, जनसत्ता सोसाइटी, सेक्टर 9, वसुन्धरा, गाजियाबाद।

ईमेल : priyadarshan.parag@gmail.com

यह जो काया की माया है

प्रियदर्शन

राधाकृष्ण पेपरबैक्स

राधाकृष्ण पेपरबैक्स में
पहला संस्करण : 2020

राधाकृष्ण पेपरबैक्स : उत्कृष्ट साहित्य के जनसुलभ संस्करण

राधाकृष्ण प्रकाशन प्रा. लि.
जी-17, जगतपुरी
दिल्ली-110 051
द्वारा प्रकाशित

शाखाएँ : अशोक राजपथ, साइंस कॉलेज के सामने, पटना-800 006
पहली मंजिल, दरबारी बिल्डिंग, महात्मा गांधी मार्ग, इलाहाबाद-211 001
36 ए, शेक्सपियर सरणी, कोलकाता-700 017

वेबसाइट : www.radhakrishnaprakashan.com
ई-मेल : info@radhakrishnaprakashan.com

बी.के. ऑफसेट
नवीन शाहदरा, दिल्ली-110 032
द्वारा मुद्रित

मूल्य : ₹ 150

YEH JO KAYA KI MAYA HAI
Poems by Priyadarshan

ISBN : 978-81-8361-949-3

अपनी रचना यात्रा के प्रारम्भिक सहयात्रियों
कलावंती सिंह, नूपुर अशोक, नीहारिका सिन्हा, मेहरुन्निसा अब्दाली,
अश्विनी कुमार पंकज, मनोज भक्त और प्रमोद शर्मा (रू.ना. शर्मा)
और रांची के उस दौर के नाम यह संग्रह
जिसने हम सबको रचा...

क्रम

काश कि पहले लिखी जातीं ये कविताएँ

एक

वह एक उजली नाव थी जो गहरे आसमान में तैर रही थी
चाँदनी की झिलमिल पतवार लेकर कोई तारा उसे खे रहा था
आकाशगंगाएँ गहरी नींद में थीं
अपनी सुदूर जगमग उपस्थिति से बेख़बर
रात इतनी चमकदार थी कि काला आईना बन गई थी
समय समय नहीं था एक सम्मोहन था जिसमें जड़ा हुआ था यह सारा दृश्य

यह प्रेम का पल था
जिसका जादू टूटा तो सारे आईने टूट गए।

दो

वह एक झील थी जो आँखों में बना करती थी
इंद्रधनुष के रंग चुराकर सपने अपनी पोशाक सिला करते थे
कामनाओं के खौलते समुद्र उसके आगे मुँह छुपाते थे
एक-एक पल की चमक में
न जाने कितने प्रकाश वर्षों का उजाला बसा होता था
जिस रेत पर चलते थे वह दोस्त हो जाती थी
जिस घास को मसलते थे, वह राज़दार बन जाती थी

कल्पनाएँ जैसे चुकती ही नहीं थीं
सामर्थ्य जैसे सँभलती ही नहीं थी
समय जैसे बीतता ही नहीं था
वह भी एक जीवन था जो हमने जिया था

तीन

वह एक शहर था जो रोज़ नए रूप धरता था
हर गली में कुछ बदल जाता, कुछ नया हो जाता
लेकिन हमारी पहचान उससे इतनी पक्की थी
कि उसके तिलिस्म से बेख़बर हम चलते जाते थे
रास्ते बेलबूटों की तरह पाँवों के आगे बिछते जाते
न कहीं खोने का अंदेशा न कुछ छूटने का डर
न कहीं पहुँचने की जल्दी न किसी मंज़िल का पता
वे आश्वस्ति-भरे रास्ते कहीं खो गए
वे अपनेपन के घर खँडहर हो गए
हम भी न जाने कहाँ आ पहुँचे
कभी ख़ुद को पहचानने की कोशिश करते हैं
कभी इस शहर को।

कुछ वह बदल गया
कुछ हम बीत गए।

यह भी प्रेम कविताएँ

एक

प्रेम को लेकर इतनी सारी धारणाएँ चल पड़ी हैं
कि यह समझना मुश्किल हो गया है कि प्रेम क्या है।
एक धारणा कहती है, सबसे करो प्रेम
दूसरी धारणा बोलती है, बस किसी एक से करो प्रेम
तीसरी धारणा मानती है, प्रेम किया नहीं जाता हो जाता है
एक चौथी धारणा भी है, कि पहला प्रेम हमेशा बना रहता है
बशर्ते याद रह जाए कि कौन-सा पहला था या प्रेम था।
पाँचवीं धारणा है, प्रेम-व्रेम सब बकवास है, नज़रों का धोखा है।

अब वह शख़्स क्या करे जिसे इतनी सारी धारणाएँ मिल जाएँ
और प्रेम न मिले?
या मिले तो वह प्रेम को पहचान न पाए?
या जिसे प्रेम माने, वह प्रेम जैसा हो, लेकिन प्रेम न निकले?

क्या वाक़ई जो प्रेम करते हैं वे प्रेम कविताएँ पढ़ते हैं?
या सिर्फ़ प्रेम उनकी कल्पनाओं में होता है?
लेकिन कल्पनाओं में ही हो तो क्या बुरा है
आख़िर कल्पनाओं से भी तो बनती है ज़िन्दगी
शायद ठोस कुछ कम होती हो, मगर सुन्दर कुछ ज़्यादा होती है

और इसमें यह सुविधा होती है कि आप अपनी दुनिया को, अपने प्रेम को
मनचाहे ढंग से बार-बार रचें, सिरजें और नया कर दें।
हममें से बहुत सारे लोग जीवन-भर कल्पनाओं में ही प्रेम करते रहे
और शायद खुश रहे
कि इस काल्पनिक प्रेम ने भी किया उनका जीवन समृद्ध।

दो

जो न ठीक से प्रेम कर पाए न क्रान्ति
वे प्रेम और क्रान्ति को एक तराजू पर तोलते रहे
बताते रहे कि प्रेम भी क्रान्ति है और क्रान्ति भी प्रेम है
कुछ तो यह भरमाते रहे कि क्रान्ति ही उनका पहला और अन्तिम प्रेम है।
कविता को अन्तिम प्रेम बताने वाले भी दिखे।

प्रेम के नाम पर शख़्सियतें भी कई याद आती रहीं
मजनूँ जैसे दीवाने और लैला जैसी दुस्साहसी लड़कियाँ
और इन दोनों से बहुत दूर खड़ा, शायद बेख़बर भी,
अपना कबीर जो कभी राम के प्रेम में डूबा मिला
और कभी सिर काटकर प्रेम हासिल करने की तजवीज़ बताता रहा।
न जाने कितनी प्रेम कविताएँ लिखी गईं, न जाने कितने प्रेमी नायक
खड़े हुए
न जाने फ़िलमों में कितनी-कितनी बार, कितनी-कितनी तरह से,
कल्पनाओं के सैकड़ों इंद्रधनुषी रंग लेकर रचा जाता रहा प्रेम।

लेकिन जिन्होंने किया, उन्होंने भी पाया
प्रेम का इतना पसरा हुआ रायता किसी काम नहीं आया
जब हुआ, हर बार बिल्कुल नया-सा लगा
जिसकी कोई मिसाल कहीं हो ही नहीं सकती थी
जिसमें छुआ-अनछुआ
जो कुछ हुआ, पहली बार हुआ।

तीन

वे जो घरों को छोड़कर
दीवारों को फलाँग कर
जातियों और खाप को अँगूठा दिखाकर
एक दिन भाग खड़े होते हैं
वे शायद अपने सबसे सुन्दर और जोखिम-भरे दिनों में
छुपते-छुपाते कर रहे होते हैं
अपनी ज़िन्दगी का सबसे गहरा प्रेम।
वे बसों, ट्रेनों, होटलों और शहरों को अदलते-बदलते
इस उम्मीद के भरोसे दौड़ते चले जाते हैं
कि एक दिन दुनिया उन्हें समझेगी, उनके प्रेम को स्वीकार कर लेगी।
ये हमारे लैला-मजनूँ, ये हमारे शीरीं फरहाद, ये हमारे रोमियो जूलियट
नहीं जानते कि वे सिर्फ़ प्रेम नहीं कर रहे
एक सहमी हुई दुनिया को उसकी दीवारों का खोखलापन भी दिखा रहे होते हैं
वे नहीं समझते कि उन दो लोगों का प्रेम
कैसे उस समाज के लिए ख़तरा है
जिसकी बुनियाद में प्रेम नहीं घृणा है, बराबरी नहीं दबदबा है,
साझा नहीं बँटवारा है।
वे तो बस कर रहे होते हैं प्रेम
जिसे अपने ही सड़ांध से बजबजाती और दरकती
एक दुनिया डरी-डरी देखती है
और जल्द से जल्द इसे मिटा देना चाहती है।

कुछ और मनोभाव

प्रेम और घृणा

प्रेम पर सब लिखते हैं,
घृणा पर कोई नहीं लिखता,
जबकि कई बार प्रेम से ज़्यादा तीव्र होती है घृणा
प्रेम के लिए दी जाती है शाश्वत बने रहने की शुभकामना,
लेकिन प्रेम टिके न टिके, घृणा बची रहती है।
कई बार ऐसा भी होता है
कि पहली नज़र में जिनसे प्रेम होता है
दूसरी नज़र में उनसे ईर्ष्या होती है
और
अंत में कभी-कभी वह घृणा तक में बदल जाती है।

यह तजवीज़ कभी काम नहीं आती
कि सबसे प्रेम करो, ईर्ष्या किसी से न करो
और घृणा से दूर रहो।
हमारे समय में नहीं, शायद हर समय
प्रेम की परिणतियाँ कई तरह की रहीं
कभी-कभी ईर्ष्या भी बदलती रही प्रेम में
लेकिन ज़्यादातर प्रेम बदलता रहा

कभी-कभी ईर्ष्या और घृणा तक में
और अक्सर ऊब और उदासी में।
हालाँकि कामना यही करनी चाहिए
कि इस परिणति तक न पहुँचे प्रेम
और कई बार ऐसा होता भी है
कि ऊब और उदासी और ईर्ष्या और नफ़रत के नीचे
भी तैरती मिलती है एक कोमल भावना
जिसे ज़िन्दगी की रोशनी सिर्फ़ प्रेम की तरह पहचानती है।

चिन्ता

चिन्ताएँ कभी ख़त्म नहीं होतीं
नींद में भी घुसपैठ कर जाती हैं
धूसर सपनों वाले कपड़े पहन कर
जागते समय साथ-साथ चला करती हैं
कभी-कभी उनके दबाव कुछ कम हो जाते हैं
तब फैला-फैला लगता है आकाश,
प्यारी-प्यारी लगती है धूप
नरम-मुलायम लगती है धरती।
लेकिन जब कभी बढ़ जाती हैं चिन्ताएँ
बाक़ी कुछ जैसे सिकुड़ जाता है
हवा भी भारी हो जाती है
साँस लेने में भी मेहनत लगती है
एक-एक क़दम बढ़ाना पहाड़ चढ़ने के बराबर महसूस होता है।

कहाँ से पैदा होती है चिन्ता?
क्या हमारे भीतर बसे आदिम डर से?
या हमारे बाहर बसे आधुनिक समय से?
या हमारे चारों ओर पसरी उस दुनिया से
जो दरअसल टूटने-बनने के एक न ख़त्म होने वाले सिलसिले का नाम है?

क्या निजी उलझनों के जाल से
या बाहरी जंजाल से
हमारे स्वभाव से या दूसरों के प्रभाव से?

कभी-कभी ऐसे वक़्त भी आते हैं जब बिल्कुल चिन्तामुक्त होता है आदमी,
एक तरह के सूफ़ियाना आत्मविश्वास से भरा हुआ कि जो भी होगा
निबट लेंगे
एक तरह की अलमस्त फक्कड़ता से लैस
कि ऐसी कौन-सी चिन्ता है जो ज़िन्दगी से बड़ी है,
कभी इस दार्शनिक ख़याल को जीता हुआ कि चिन्ता है तो ज़िन्दगी है।
लेकिन ज़िन्दगी है इसलिए चिन्ता जाती नहीं।
कुछ न हो तो इस बात की शुरू हो जाती है
कि पता नहीं कब तक बचा रहेगा ये चिन्तामुक्त समय।
बस इतनी-सी बात समझ में आती है, आदमी है इसलिए चिन्ता है।

उम्मीद

यह उम्मीद है जो हमें बचाए रखती है
हालाँकि यह बहुत पुराना वाक्य है, बहुत बार लगभग इसी तरह,
इन्हीं शब्दों में दुहराया हुआ
लेकिन यह वाक्य पीछा नहीं छोड़ता, जैसे उम्मीद पीछा नहीं छोड़ती।
चिन्ता के अंधे कुएँ में भी किसी हल्के कातर उजाले की तरह बची
रहती है।

कहाँ से पैदा होती है यह उम्मीद
जब आप किसी अंधे कुएँ में गिरे पड़े हों
कोई रस्सी, कोई सीढ़ी, कोई ईंट, कोई रोशनी
आपको दिखाई न पड़ रही हो
कोई हाथ बढ़ाने वाला न हो, कोई देखने वाला न हो, कोई सुनने वाला
भी न हो
तो भी एक क़ातर-सी लौ जलती रहती है,

कुछ ऐसा हो जाने की उम्मीद
जो आपको खींच लाएगी कुएँ से बाहर।
फिर पूछता हूँ,
कहाँ से पैदा होती है उम्मीद
यह नासमझी की संतान है
या बुद्धि की विरासत
या उस अबूझ जिजीविषा की देन
जिसमें थोड़ी-सी नादानी भी होती है थोड़ा-सा विवेक भी
थोड़ा-सा डर भी, थोड़ा-सा भरोसा भी
थोड़ी-सी नाकामी भी, थोड़ी-सी कामयाबी भी
दरअसल यह उम्मीद ही है
जिसकी उँगली थामे-थामे इंसान ने किया है अब तक का सफ़र तय।

डर

डर भी होता है
कई रूपों में दबा हुआ
कई बार वह जमता-जमता ढीठ हो जाता है कुछ अमानवीय भी
और निकलता भी है उसी तरह
हमारे भीतर की बहुत सारी क्रूरताएँ
हमारे डरों की ही संतान होती हैं
डर हमें कमज़ोर करता है
डर से आँख मिलाने से भी हम डरते हैं
चाहते हैं, बसा रहे हमारे भीतर, हम ही उससे बने रहें बेख़बर
लेकिन हमारे पीछे-पीछे चलते रहते हैं हमारे डर
जिनसे बचने के लिए हम खोजते हैं कोई ईश्वर
फिर ईश्वर से डरते हैं
इसके बाद डर भी बना रहता है
ईश्वर भी बना रहता है।

लालच

जिसने भी कहा
लालच बुरी बला है,
बिल्कुल सही कहा
इसीलिए नहीं कि लालच के नतीजे बुरे होते हैं
इसलिए कि लालच बिल्कुल पीछा नहीं छोड़ता
डर और ईर्ष्या की तरह इससे भी आप जितना बचना चाहते हैं,
उतना ही यह आपके पीछे लगा रहता है।

इस लालच को साधने में जैसे बीत जाता है सारा जीवन
उम्र बीत जाती है लालच नहीं बीतता,
बस कुछ मुखौटे पहन लेता है
कुछ मद्धिम पड़ जाता है
बहुत छिछली क़िस्म की कामनाओं से ऊपर उठ जाता है
दरअसल लालच की भी होती हैं क़िस्में
पैसे का लालच सबसे बड़ा दिखता है, लेकिन सबसे कमज़ोर साबित होता है
प्रेम का लालच सबसे ओछा दिखता है,
लेकिन कई बार सबसे मज़बूत साबित होता है
शोहरत का लालच आसानी से नहीं दिखता,
लेकिन जड़ जमाए बैठा होता है हमारे भीतर
और
अच्छा दिखने, माने जाने और कहलाने का लालच
तो जैसे लालच माना ही नहीं जाता।
शायद इन्हीं आख़िरी दो श्रेणियों की वजह से
बचा रहता है कविता लिखने का भी मोह,
कवि कहलाने का भी लालच।

दुख

एक

कुछ दुख बेहद बोलते हुए होते हैं
कुछ छूट जाने का दुख
कुछ प्राप्त न कर पाने का दुख
कभी-कभी अपमान सहने का दुख
और इस पर भी चुप रहने का दुख
कभी-कभी दूसरों के उपहास का दुख
ख़ुद को सही न समझे जाने का दुख
किसी मोड़ पर अकेले पड़ जाने का दुख
किसी मोड़ पर किसी से छले जाने का,
किसी के छोड़ दिए जाने का दुख
और सबसे बड़ा ज़िन्दगी को व्यर्थ जिए जाने का दुख।

दो

कुछ दुख बेहद चुपचाप होते हैं
वे कभी-कभी हलक में अटक जाते हैं,
अनमनेपन में उलझ जाते हैं
कभी-कभी तो मुस्कान में भी छुप जाते हैं
वे नींद में आते हैं दबे पाँव

किन्हीं पुराने दिनों की यादों के साथ
जो किन्हीं नए दिनों के अंदेशों से बँधी होती हैं
ये दुख अपना पता नहीं बताते
वे लंबे समय की टीस से बने थके हुए दुख होते हैं
वे हड्डियों की पोरों में बसे दुख होते हैं
वे आँखों की कालिमा में धँसे दुख होते हैं
कोई पूछता भी है तो आप नहीं कह सकते
कि आपको कोई दुख है
और है तो किस बात का है
कई बार आप ख़ुद से भी पूछ बैठते हैं
इतना दुख किस बात का है
और उदासी-उलझन-अनमनेपन के बीच खोजते रहते हैं अपने दुख
का धागा।

तीन

कुछ दुख अनायास चले आते हैं
जैसे वे घात में बैठे हों
और जब खुशियाँ आपका माथा सहला रही हों
आपके छाला लगे पाँवों पर मलहम लगा रही हों
यह तसल्ली दे रही हों कि सबकुछ ठीक है, सुन्दर है
किसी काँटे की तरह पाँवों में चुभ जाते हैं
गजब ये है कि तकलीफ़ का बहता हुआ रक्त
तब आप किसी को दिखा भी नहीं सकते
आप जानना चाहते हैं, कब से छुपा बैठा था ये दुख
आप जानना चाहते हैं, क्यों अचानक याद आया
आपके सुख का हत्यारा यह दुख
कि आप अपने पीछे-पीछे और पीछे जाते हैं
कि कोई छूटी हुई पीड़ा सिर उठाती है
याद दिलाती है कि उस दुख को छोड़कर जो भी सुख होगा नकली होगा

उस दुख को पहचानोगे, तभी यह सुख भी आत्मा का विहँसता हुआ
हिस्सा होगा
न जाने कितने छुपे हुए दुखों की पोटली लेकर चलते हैं हम
और ज़िन्दगी की किसी शाम को कैसे उस पोटली से निकल कर
गिर पड़ता है कोई दुख
उसे उठाने के लिए, गले से लगाने के लिए, फिर से पोटली में बाँधने
के लिए
कभी-कभी झुकना पड़ता है, रुकना पड़ता है
और अपने को फिर से देखना पड़ता है।

चार

कुछ दुख हमसे बात भी करते हैं
उनकी पनीली आँखें
हमारे कातर चेहरों पर टिकी होती हैं
उनके भुरभुरे हाथ हमारे अनमने कंधों पर पड़े होते हैं।
वे बँधाते हैं धीरज,
भरोसा दिलाते हुए कि वे देर तक नहीं रहेंगे
चले जाएँगे जल्दी।
कुछ दुख हो जाते हैं इतने आत्मीय
कि उनके बिना अपना भी वजूद लगता है आधा-अधूरा।

पाँच

कुछ दुख लौट-लौट कर आते हैं
हमेशा दुख की तरह नहीं, दुख की याद की तरह
जिसमें दरअसल एक तरह का सुख छुपा होता है
इस तसल्ली से जुड़ा कि बेवफ़ा नहीं निकले दुख,
वादा निभाया और छोड़कर चले गए।
इन छूटे हुए दुखों से हम हँस कर मिलते हैं।
अचरज करते हुए कि हमने ही झेले थे ये दुख

उनके प्रति कृतज्ञ होते हुए कि ये दुख न होते
तो न सुख आता, न सुख का मोल ही समझ में आता,
उन्हें धन्यवाद देते हुए कि दुखों ने जितना तोड़ा, उतना जोड़ा भी
वरना सुख का यह अकेलापन तो काटने दौड़ता है।

जानवरों से हमें माफ़ी माँगनी चाहिए

एक

लोमड़ी चालाक होती है,
सियार शैतान
साँप ख़तरनाक
बाघ डरावना
गधा मूर्ख
घोड़ा तेज़
और कुत्ता वफ़ादार,
ये सब उस इंसान ने तय कर लिया
जो कभी चालाक होता है, कभी शैतान
कभी डरावना, कभी मूर्ख,
और कभी-कभी तेज़ और वफ़ादार भी।
वह एक ही साथ साँप भी हो जाता है और सियार भी
जानवरों से हमें क्षमा माँगनी चाहिए
उनके जंगल सभ्यताओं की तरह छलावों के घर नहीं रहे
वे जो हैं, वे दिखते रहे
उनके दाँत, नाखून, रोएँ, पंजे सब बिल्कुल सामने होते हैं
छुपना हो या छलाँग लगाना, भागना हो या भक्षण,
सब खुला होता है, सबको मालूम होते हैं उनके लक्षण।
वे जानवर हैं, इंसानों की तरह दुर्व्यवहार नहीं कर सकते।

दो

जाल बहेलिया ही बिछा सकता है जानवर नहीं,
चींटियाँ संचय तो कर सकती हैं कालाबाज़ारी नहीं कर सकतीं
चूहे गेहूँ या रोटी कुतर तो सकते हैं, उन्हें बेच नहीं सकते
बिल्लियाँ चूहों को खा तो सकती हैं, उन्हें पका नहीं सकतीं
कुत्ते भौंक सकते हैं, काट सकते हैं, दुम हिला सकते हैं
लेकिन आदमी को ज़ंजीरों में नहीं बाँध सकते
गधे बहुत सारा वज़न ढो सकते हैं
ढेचूँ-ढेचूँ की आवाज़ कर सकते हैं
लेकिन अपना बोझ दूसरों के कंधों पर नहीं डाल सकते
घोड़े बहुत तेज़ दौड़ सकते हैं
योद्धाओं और कारोबारियों को पीठ पर बिठा कर दूर ले जा सकते हैं
लेकिन न तलवार चला सकते हैं न राशन तौल सकते हैं
बहुत फुर्तीले होते हैं बंदर, हर शाख उनकी पहुँच के भीतर होती है
लेकिन वे पेड़ नहीं काट सकते
बहुत विशालकाय होते हैं हाथी
लेकिन अपनी काया से बाहर जगह वे भी नहीं घेरते
अकेला इंसान है जिसके लिए जगह छोटी पड़ती जाती है,
जिसकी हसरत उसकी हैसियत से बड़ी होती जाती है
जिसके लिए धरती भी उसके कारोबार की कड़ी होती जाती है।

तीन

वे झूठ नहीं बोलते
वे मारते-मरते हैं, लेकिन क़त्ल नहीं करते
वे साज़िश नहीं करते, दस्ताने नहीं चढ़ाते
वे डरते हैं, लेकिन पूजा नहीं करते
वे फूल नहीं चढ़ाते, मंत्र नहीं पढ़ते
वे मन्दिर-मस्जिद नहीं बनाते,
नमाज अदा नहीं करते, नहीं बोलते आमीन।

उनमें टकराव तो होते हैं, झगड़ा भी होता है,
मिल्कियत का सवाल भी खड़ा होता है
लेकिन राजनीति नहीं होती।
उनके पास भावनाएँ तो होती हैं, लेकिन इतनी निखरी हुई भाषा नहीं होती
असभ्य होते हैं जानवर
नहीं होता उनका कोई ईश्वर।

चार

चिड़ियाँ भी ख़ूब ऊँचे उड़ती हैं
हालाँकि उनका काम पंखों से चल जाता है, उनमें पेट्रोल नहीं लगता
वे बीट कर सकती हैं, बम नहीं गिरा सकतीं
वे चहचहाती हैं, अंडे देती हैं, सेती हैं
उनमें से कुछ ज़्यादा से ज़्यादा इतनी चालाक होती हैं
कि अपने अंडे दूसरों के घोसलों में छोड़ आती हैं
लेकिन इतनी-सी चालाकी के लिए भी चाहिए बहुत सारा भरोसा।
वे धरती को उसकी सबसे मीठी आवाज़ देती हैं
आसमान को उसकी सबसे प्यारी उड़ान
वे हमारी छतों और मुँडेरों को गुलज़ार करती हैं
वे उन कोनों में घर बसा लेती हैं जहाँ भूतों का अड्डा होता है
उनके घरों में ईंट नहीं तिनके लगते हैं,
सीमेंट नहीं घासफूस लगती है,
बहुत छोटी-सी जगह में वे बना लेती हैं
अपना बहुत हल्का-सा घर
जिसे कोई एक हाथ उठा कर फेंक सकता है, फेंक डालता है
कुछ देर के करुण क्रंदन के बाद लेकिन वे तैयार कर लेती हैं दूसरा घर
वे बदला नहीं ले पातीं, मज़बूत घर नहीं बना पातीं, ज़मीन घेर नहीं पातीं,
वे बस उड़ती हुई दूर चली जाती हैं।

वे बहुत हल्की होती हैं बहुत नाजुक
शायद इसलिए हम उनकी परवाह नहीं करते
ये भी नहीं सोचते कि वे नहीं रहेंगी तो कितनी सूनी होगी धरती
ये भी नहीं जानते कि वे नहीं रहेंगी तो हम भी नहीं रह पाएँगे।

यह जो काया की माया है

हाथ

ये हाथ हैं
जिन्होंने हमें आदमी बनाया—
चौपाये से दुपाया।
इन हाथों से हमने बहुत कुछ रचा—
खिलौने बनाए, नाव बनाई, पतवार बनाई,
तरह-तरह के औज़ार बनाए।

हथेलियों से लगी पाँच-पाँच उँगलियाँ
हमारे बदन की सबसे सुन्दर और नाज़ुक संरचनाएँ रहीं
लेकिन बेहद मज़बूत, लचीली, कभी हार न मानने वाली।

जब ये हाथ किसी के हाथों से मिले तो दोस्ती ने मायने हासिल किए
जब ये हाथ किसी कंधे पर रखे गए तो दिलासे और भरोसे ने पलट
कर देखा
जब इन उँगलियों ने साज़ छेड़े
तो रोशनियों की तरह झरती ध्वनियों के जादू ने
पहाड़ों, झरनों और पूरी कायनात को जीवित कर दिया।

इन हाथों ने सुगन्ध और स्वाद को नए अर्थ और आयाम दिए
स्पर्श को प्रेम से लबालब मनुष्यता दी
इन हाथों ने जंगल साफ़ किए खेत बनाए,
पहाड़ तोड़े रास्ते बनाए,
ये जो पूरी दुनिया हमारे सामने पसरी है
अपनी विशालकाय निर्मितियों से हैरत में डालने वाली,
उसके बारे में सोच कर देखिए तो अजब-सा लगता है
आख़िर ये दुनिया हमारी दोनों हथेलियों से लगी
पाँच-पाँच छोटी उँगलियों का ही तो करिश्मा है।

पाँव

पाँवों ने भी कभी शिकायत नहीं की
तब भी जब हाथों ने चलने से हाथ खींच लिया और
रास्ता तय करने का काम पाँवों पर छोड़ दिया।

वे चुपचाप चलते रहे, रास्ते के काँटे झेलते हुए
फफोलों और छालों को साथी बनाते हुए
बदन का पूरा बोझ अपने घुटनों और पिंडलियों पर ढोते हुए
खुरदरापन हाथों में भी आया, लेकिन पाँव तो जैसे खुरदरेपन की कहानी
हो गए।

इस सफ़र में ऐसा भी वक़्त आया होगा
जब तार-तार पाँव चलने लायक़ नहीं बचे होंगे
तब हथेलियों ने निकाले होंगे काँटे, तलवों को सहलाया होगा
और फिर पाँवों ने घिसट-घिसट कर आगे का रास्ता तय किया होगा।

सारी नदियाँ, सारे समंदर, सारे पहाड़ इन्हीं पाँवों ने लाँघे
क्या ये भी कम अजूबा है?

आँखें

बहुत कुछ देखने से वंचित रह गईं
लेकिन फिर भी आँखों ने बहुत कुछ देखा
एक लगभग गोलाकार पृथ्वी की चौरस लगती बेडौल संरचनाओं की
सुन्दरता,
सदियों से पछाड़ खाते समंदर की लहरों का उठना-गिरना,
नदियों का बल खाना, वृक्षों का हवा में लहराना
खिलखिलाते हुए झरनों का पहाड़ों से उतरना और बिखर जाना
धरती और चाँद के आर-पार पसरे रात के आकाश में बेसुध तारों की झालर
धरती को अर्थ देते अक्षर
वे चरिंद और परिंद जो धरती और आकाश को गति, स्पंदन और साँस
देते हैं
यह जीवन न होता तो वह हवा भी किस काम की होती
जिसे हम जीवनदायिनी कहते हैं।

वाक़ई बहुत कुछ नहीं देख पाईं आँखें
लेकिन जितना देखा, उससे सत्य और सुन्दर सार्थक हुआ
जीने की इच्छा जागी, रचने का भरोसा जागा।

कान

सिर के दोनों तरफ़
अपनी आँखों को न दिखने वाली
ये कोमल उपास्थियाँ न होतीं
तो ध्वनियों का वह संसार कैसे सम्भव होता
जिसने रचे हुए, देखे हुए को साझा करने लायक़ बनाया।

एक-दूसरे को सुनना, अपने आसपास को बुनना,
चुप्पी को भी सुनना और सुनने को भी सुनना
सारा कहना-सुनना सिर्फ़ इसलिए सम्भव नहीं हुआ कि ज़ुबान थी,

बल्कि इसलिए भी कि कान थे जो कहीं न कहीं लगे रहते थे।

एक कान से सुनकर दूसरे से निकाल देने की तजवीज़
चाहे जिस कानाफूसी का नतीजा रही हो,
लेकिन इसी से यह सम्भव हुआ
कि तमाम शोरो-गुल और कोलाहल के बीच वह सुनना सम्भव हुआ
जो हम सुनना चाहते रहे—
समय की आहट भी,
जीवन की फुसफुसाहट भी,
मृत्यु की सरसराहट भी,
सभ्यता की धुकधुकी भी
और
वह महामौन भी,
जो शून्य शिखर पर अनहद बजता है।

ज़ुबान

ज़ुबान के साथ न जाने कितनी क्रियाएँ हमने जोड़ीं
ज़ुबान चलाने का बुरा माना, ज़ुबान फिसलने का और बुरा माना,
ज़ुबान देना और निभाना मुश्किल पाया,
ज़ुबान काटना जितना आसान लगा, उतना ही असम्भव साबित हुआ

दरअसल सारे खेल ज़ुबान ने किए
उसे समझना और समझाना सबसे मुश्किल काम रहा,
जिन्होंने तोलने और बोलने के हुनर को बड़े अभ्यास से साधा
और ये मान लिया कि ज़ुबान पर पक्का नियंत्रण ही
उनकी सफलता और स्वीकृति की गारंटी बना हुआ है,
उन्हें भी यह समझ में नहीं आया कि इस नन्हीं सी चीज़ ने
कैसे चुपचाप और बेख़बर उनकी पोल खोल दी,
कि बोलना ही बोलने का हिस्सा नहीं है

न बोलना भी बोलने का ही हिस्सा है
कि बेहद मुलायम और लचीली लगने वाली ज़ुबान
जब खुलती है तो हम चाहे न चाहें
सच और झूठ के परदे भी खुलते चलते हैं।

दिल और दिमाग़

ठीक-ठीक नहीं मालूम,
दोनों में क्या फ़र्क़ है
दिल दिमाग़ की सुनता है
या दिमाग़ दिल की?
या दोनों अपने-अपने रास्ते चलते हैं
या फिर कभी दिल दिमाग़ की सुन लेता है
और कभी दिमाग़ दिल की?
इन पेचीदा सवालों के बीच की सरल सच्चाई बस इतनी है
कि दिल और दिमाग़ के रिश्ते ने दुनिया बनाई भी तोड़ी भी।

इनकी वजह से कभी हाथ आततायी बने कभी पाँव भगोड़े
इनकी वजह से आँखें समय पर कहीं और मुड़ गईं
इन्होंने कानों से कहा, बिल्कुल बंद
और
ज़ुबान से कहा, एकदम चुप।

इन्होंने साहस को दुस्साहस में बदला
कृति को दुष्कृति में
इन्होंने क्रोध को प्रतिशोध से जोड़ा
और इन्होंने ही प्रतिशोध के बाद प्रायश्चित भी किया।
इंसानियत इनकी वजह से ज़िंदा भी है
इंसानियत इनकी वजह से शर्मिंदा भी है
कह देना आसान है कि दिल और दिमाग़ को वहीं लगाएँ

जिससे अपना भी भला हो और सबका भी,
लेकिन प्रेम और घृणा की, स्वार्थ और परित्याग की,
स्मृति और सम्भावना की, हताशा और उम्मीद की
और ऐसी ही बहुत सारी दूसरी भावनाओं की
जब बहुत तीखी टकराहट चलती है तो
दिल और दिमाग़ दोनों काबू में नहीं रह पाते
कभी भगवान हो जाता है इंसान
कभी शैतान बन जाता है
बहरहाल, दिल और दिमाग़ की इस गुत्थी का करें भी क्या
और उनके साथ हाथ, पाँव, आँख, कान, ज़ुबान
यानी पूरे जिस्म के रिश्ते को समझें कैसे।

यह जो काया की माया है
इसी में संसार समाया है।

सोचने के कई तरीक़े होते हैं

एक

वह महाभारत के सर्वाधिक महत्वपूर्ण क्षणों में एक था,
जब कृष्ण ने कहा था अर्जुन से,
सोचो मत,
बाण चलाओ।
किसी का पहिया रथ में धँसा है तो धँसने दो
सोचोगे तो मारे जाओगे,
हमारे समय के बहुत सारे अर्जुनों के भीतर
यह ज्ञान बिल्कुल संस्कार की तरह उतर आया है,
वे सोचते नहीं हैं
उन्हें सोचने की ज़रूरत भी नहीं है
उनके पास बहुत सारी दलीलें तैयार हैं
न सोचने के पक्ष में,
और चौबीसों घंटे ऐसे प्रलोभन हैं
जो सोचने के विरुद्ध जाते हैं,
धीरे-धीरे वे पाते हैं अपना सबसे मज़बूत तर्क
हम किसके लिए सोचें
क्या कोई हमारे लिए सोचता है,
इस दुनिया में कौन किसके लिए सोचता है?

दो

लेकिन सोचना चलता रहता है
कई बार कोई चीज़ बहुत देर तक मथती रहती है मन को
गुमसुम मन चाहता है उससे उबरना
लेकिन सम्भव नहीं होता
एक ख़याल कील की तरह चुभता रहता है भीतर कहीं
कोई पुरानी भूल, कोई बीती याद
कोई छोटी-सी अवहेलना
देर तक मथती रहती है,
ग़लती से किसी का हुआ अपमान
जैसे पलट कर शर्मिंदा करता रहता है
और कहीं अटका-रुँधता-सा मन समझ नहीं पाता
कि अचानक काल के किसी अन्तराल को
पार कर आया हुआ यह दुख कैसा है?
यह कौन-सी सोच है जो मन को खाए जा रही है?
कई बार चिहुँक कर उसे पहचान लेता है
और डर भी जाता है अपने-आप से।
लेकिन सोच है कि पीछा छोड़ती नहीं।

तीन

सोचने में कुछ नहीं जाता,
यह कहने वाले नहीं जानते
कि दरअसल सोचने में कितना कुछ जाता है।
यह सिर्फ़ समय की बात नहीं है,
जब हम सोचना शुरू करते हैं
तब पाते हैं कि जो जिया गया है,
उसमें बहुत कुछ अनकिया किए जाने लायक़ है
जब हम सोचना शुरू करते हैं तब देखते हैं
कि हमारे देखते-देखते बहुत कुछ अदृश्य रह गया था,

जब सोचना शुरू करते हैं
तब मालूम होती है सच्चाई
कि जीवन तो बिना सोचे गुज़र गया
सोचने में कुछ नहीं जाता
कहने वाले नहीं जानते
कि सोचने से ही समझ में आता है
कि हमने कितना कुछ खो दिया है
कितना कुछ गँवा रहे हैं
बिना सोचे-समझे।

चार

सोचना भले बिना धक्के के शुरू हो जाता हो,
लेकिन इतना आसान भी नहीं होता।
सोचने से पहले सोचने का एक सिलसिला शुरू करना पड़ता है,
खोजना पड़ता है वह बिन्दु जहाँ से कोई शुरुआत हुई थी
फिर उस बिन्दु के पीछे भी जाना पड़ता है,
क्योंकि यह संशय बना रहता है
कि यह ठीक वही जगह थी या नहीं जहाँ इसकी शुरुआत हुई थी।
फिर धीरे-धीरे आगे बढ़ना पड़ता है
जैसे किसी जंगल से झाड़-झंखाड़ हटाते हुए बढ़ रहे हों
लेकिन मन के अदृश्य जंगल के झाड़-झंखाड़
इतनी आसानी से नज़र आते कहाँ हैं
और इतनी जल्दी जाते कहाँ हैं
उनको हटाने में श्रम लगता है,
पहले के सोचे हुए को झटकना पड़ता है
नए सिरे से सोचना पड़ता है।
सोचते-सोचते हम पाते हैं,
यह तो कोई नया शख़्स है जो हमारे भीतर
न जाने कब से बैठा है।

पाँच

सोचना कई बार घाटे का सौदा होता है
सोचने से आप हमेशा समझदार नहीं बनते
कभी-कभी बुद्धू बनना भी चुनते हैं।

सोचते-सोचते हम बहुत सारे फ़ैसले बदल डालते हैं,
किसी सम्भावित मुनाफ़े को संदेह से देखते हैं
कई बार तो किसी अनदेखे ख़तरे को आमंत्रित कर लेते हैं
अपनों में छुपे शत्रुओं को पहचानने के बावजूद
उन्हें अनदेखा करने का मन करता है
और शत्रुओं से भी उम्मीद करते हैं कि एक दिन वह दोस्त हो जाएँगे
सोचते-सोचते हम यह भी मान बैठते हैं,
घाटे का सौदा हमेशा बुरा सौदा नहीं होता

आख़िर कई बार कुछ गँवा कर
हम अपनी मनुष्यता का कुछ संचय कर लेते हैं।

धर्म की कविता

मैं तर्कों के क़िले में नहीं, आस्था के घर में रहता हूँ
यह घर मेरा शाप भी है और मेरा वर भी है।
इंसान के मायने बताता हूँ और विज्ञान के ताने सहता हूँ
उसने मुझे बार-बार साबित किया झूठा
बार-बार बताया अधूरा
लेकिन मन की जिस कंदरा में मैं बैठा हूँ
उसमें अंधकार बहुत गहरा है
सारे तर्क इस अंधकार में आकर खो जाते हैं
सारी पूर्णताएँ यहाँ आकर ख़ुद को बेबस पाती हैं
यहाँ सिर्फ़ मैं जलता रहता हूँ एक लौ की तरह
यह मेरी अलौकिकता है जो मेरा आभामंडल बनाती है
यह मेरी रहस्यमयता है जो मुझे बचाए रखती है
मैं कमज़ोर आदमी की उम्मीद का लोक हूँ
और किसी ताक़तवर के विशेषाधिकार का श्लोक हूँ
जिन्हें सत्ता चाहिए, वे करते हैं मेरा इस्तेमाल
कभी हथियार की तरह, कभी बनाकर ढाल
वे बार-बार राष्ट्र की दुहाई देते हैं, वे बार-बार धर्म का जाप करते हैं
इंसान ही नहीं, देवता भी उनसे डरते हैं
धर्म में जो कविता और करुणा होती है, उसे वे निकाल फेंकते हैं
धर्म में जो उन्माद की गर्मी होती है, उसे वे सबसे ज़्यादा सेंकते हैं

इस उन्माद के आगे सहज आस्था पानी भरती है
इस धर्म की मारी मनुष्यता काँपती-थरथर करती है
मैं थोड़ा-सा होता तो शायद जीवन का नमक होता
उसका ज़ायका बढ़ाता
लेकिन मैं बहुत ज़्यादा हूँ—इतना ज़्यादा कि ज़हर हो गया हूँ
संस्कृति की लहर की तरह शुरू हुआ था, अब सभ्यता का कहर हो गया हूँ।

अधर्म की कविता

मैं ठहाके लगाऊँ तो कृपया नाराज़ न होंगे।
नाराज़ भी होंगे तो क्या बिगाड़ लेंगे।
इन दिनों हर जगह मेरी चलती है
मैं हर जगह घुसा बैठा हूँ
यहाँ तक कि आपके भीतर भी
क्या आपने खुद को टटोल कर देखा है कभी?
मेरा कोई मन्दिर नहीं है, लेकिन हर मन्दिर में मैं बैठा हूँ
मेरा कोई पुजारी नहीं है, लेकिन हर पुजारी के भीतर पैठा हूँ
मेरा कोई पंथ नहीं, मठ नहीं
लेकिन कौन-सा मठ और पंथ मुझसे परे है
जिस ईश्वर को आप निराकार बताते हैं
उससे ज़्यादा निराकार हूँ मैं
और जिसे सगुण-साकार बताते हैं, उससे ज़्यादा साकार हूँ मैं।
राजनीति मेरी प्रदक्षिणा करती है
इतिहास मेरा अनुसरण करता है
मुझे मिटाने के नाम पर देवता लेते हैं अवतार
लेकिन क्या वे मुझे मिटा पाते हैं?
मैं मन्दिर बनाता हूँ, मैं मस्जिद ढहाता हूँ।
मैं बच्चों को उनके स्कूलों में घुस कर मार डालता हूँ
और यह सब करते हुए नाम धर्म का लेता हूँ।

मैं किसी से नहीं डरता
थोड़ी-सी करुणा के सिवा
जिस पर अक्सर मेरा वश नहीं चलता।
मैं किसी से नहीं दबता
थोड़े से सच के सिवा,
जो बार-बार कुचला जाता है, लेकिन न जाने लौट कर कहाँ से चला आता है।
अपने अमरत्व पर मेरा अभिमान ऐसे ही क्षणों में लड़खड़ाता है।
थोड़ी-सी करुणा और थोड़ा-सा सच
मेरे फैलाए अँधेरे में दीपक की तरह जलते हैं
जो उजालों तक ले जाएँ, वे रास्ते मुझे खलते हैं।

करुणा की कविता

मैं करुणा हूँ
सबसे ज़्यादा चोट सहती हूँ
फिर भी बची रहती हूँ।

क्रूरताओं के हिस्से होते हैं उनके अट्टहास
दुख के पास होती है उसकी चुप्पी
महत्वाकांक्षाओं के पास
होती है उनकी चालाकी
क्रोध के पास होता है
उसका व्यंग्य
धर्म के पास होती है
उसकी व्याख्या

लेकिन मेरे पास कुछ नहीं होता
अपने घुप्प अँधेरे के सिवा
जो लगातार और गाढ़ा होता जा रहा है
कई बार तो मेरे वजूद का आभास तक नहीं होता
लगता है, उस पर कितनी पपड़ियाँ जम गई हैं
लेकिन प्राण के किसी अतल में
न सुनाई पड़ती धुकधुकियों के बीच

निस्पंद सोई मैं
अचानक किसी मर्मचोट से जाग उठती हूँ
और तब सिर उठाती है मेरे भीतर से मेरी वह एक नामालूम-बेख़बर ज़िद
जो किसी से नहीं डरती,
मृत्यु से भी नहीं,
अपमान से भी नहीं,
भगवान से भी नहीं
वही मैं हूँ

मनुष्यता का वह कवच
जो धर्म-अधर्म के बीच, सत्य-असत्य के बीच
आस्था-अनास्था के बीच
तर्क और विवेक के बीच
बचाए रखता है
एक धागा
जिसके सहारे रोज़-रोज़ सिली जाती है
जीवन की तार-तार होती चादर

मैं करुणा हूँ
जीवन में जल की तरह बची रहती हूँ।

ताक़तवर की कविता

हम सब कुछ जीत लेंगे
खेतों में बीज की जगह रोपेंगे बारूद
कुओं में पानी की जगह भर देंगे ज़हर
पहले दिलों में आग लगाएँगे और फिर घरों में
जो सामने आएँगे मारे जाएँगे
जो विरोध करेंगे जेलों में सड़ेंगे
जो मुकदमे करेंगे उनके हम घुटने तोड़ देंगे
छका-छका कर, थका-थका कर
और फिर भी वे न मानें तो पीट-पीट कर।

एक दिन उन्हें मानना पड़ेगा
हम ताक़तवर हैं, विजेता हैं
हमारा ही धर्म चलेगा, हमारे ही मंत्र चलेंगे
हमारे ही आडंबर चलेंगे
और हमारी ही भाषा चलेगी
बशर्ते भाषा बची रही।

हम एक ऐसी सभ्यता बनाएँगे
जहाँ सारी बहसें सहमति से होंगी
जहाँ बातें भी होंगी तो मीठी-मीठी

जहाँ घाते भी होंगी तो चिकनी-चुपड़ी
जहाँ युद्ध एकमात्र मनोरंजन होगा
जहाँ अट्टहास एकमात्र मूल्य होगा
जहाँ सब प्रेम से रहेंगे
बशर्ते प्रेम बचा रहा।

हम बहुत लंबी उम्र हासिल करेंगे
हम अपने भीतर के डर से लड़ेंगे
फिर हमारी ताक़त से दुनिया डरेगी
बशर्ते हमारा डर न बचा रहे
और हमारी ताक़त बची रहे।

कमज़ोर की कविता

शायद एक दिन हम मारे जाएँगे
सच है कि इस तरह मारे जाने से हम डरते हैं
लेकिन यह तसल्ली हमारा साथ देती है
कि इस दुनिया में बचा कौन रहता है।

वे हमें कमज़ोर मानते हैं क्योंकि हम तलवार लेकर नहीं निकलते
वे हमें कमज़ोर मानते हैं क्योंकि हमारे हाथों में बंदूक नहीं है
वे हमें कमज़ोर मानते हैं क्योंकि हमारी निहत्थी अवशता
बड़ी आसानी से उनका शिकार हो जाती है।

वे हमारी मेहनत की कमाई लूट लेते हैं
वे हमसे मेहनत करने के अवसर लूट लेते हैं
वे बड़ी मेहनत से सँवारे गए हमारे घर लूट लेते हैं
और फिर बताते हैं कि इस तरह लुट जाने के भी गुनहगार हम ख़ुद हैं।

ऐसे में हमारे पास कुछ नहीं बचता
प्रतिरोध की कातर कामना या कल्पना के अलावा
लेकिन कुछ चीज़ें हमें बचाए रखती हैं
न्याय में हमारा एक नामालूम-सा भरोसा
जो न जाने कहाँ से हमारी रगों में चला आया है और टूटता नहीं

इंसानियत की एक सहज-सी आदत,
जो न जाने कैसे पड़ गई और अब छूटती नहीं
तमाम मुश्किलों के बीच जिए जाने की एक ज़िद
जो किसी लौ की तरह जलती रहती है

वे सबसे ज़्यादा इससे डरते हैं
वे सबकुछ छीन लेने के बाद भी पाते हैं
कि यह लौ अब भी जल रही है, हममें जाग रही है
और इस मानवीय चमक के आगे उनकी लथपथ, हिंसक पशु-भाषा
दुम दबाए भाग रही है।

एक हिन्दू की कविताएँ

एक

अपने हिन्दू होने में मेरा कोई हाथ नहीं
न मेरे पिता का उनके हिन्दू होने में कोई हाथ रहा होगा
इतिहास की विराट प्रक्रिया में कब-कब कोई परिवार या समाज
किन आवश्यकताओं या आकांक्षाओं के तहत
इंसान से हिन्दू, ईसाई या मुसलमान होता चला गया
यह बताना बहुत मुश्किल है।

लेकिन अपने हिन्दू होने की इस अज्ञात कथा से मेरा कोई बैर भी नहीं है
अगर हिन्दू होने का मतलब
राम की करुणा, कृष्ण के प्रेम और शिव के औघड़पन
या बाक़ी सैकड़ों देवी-देवताओं के उदार, मददगार, निर्भीक स्वभाव से
कुछ हासिल करना है तो अपना हिन्दू होना मुझे मंज़ूर है।

लेकिन सिर्फ़ हिन्दू होने की वजह से
मैं राम के अन्याय का, कृष्ण की अमर्यादा का, इंद्र के अपराध का
समर्थन करूँ,
यह न मुझे मंजूर होगा और न शायद उन देवी-देवताओं को,
जो पूजे जाने योग्य हैं।

हिन्दू होने की सहज आस्था में राम, कृष्ण और शिव की,
दुर्गा-काली और पार्वती की, लक्ष्मी और गणेश की भक्ति
कोई करना चाहे तो उससे भी मुझे एतराज़ नहीं,
जो निरगुनिया राम को पूजना चाहे उसका भी स्वागत है
लेकिन अपने हिन्दुत्व को मैं ऐसा चाबुक नहीं बना सकता
जो दूसरों की पीठ पर पड़े
ऐसा हिन्दू मैं नहीं हो सकता जो हिन्दुत्व के गर्व में मनुष्यता का मर्म
भूल जाए।

मेरा हिन्दू होना अगर मेरी मनुष्यता के आसमान को
कुछ व्यापक बना सके तो मेरा इससे कोई झगड़ा नहीं,
लेकिन अगर वह मुझे छोटे-छोटे बाड़ों में बाँधना चाहे
और दुर्विनीत या घमंडी बनाए तो इस हिन्दुत्व को और सारे देवताओं को
मैं दूर से ही प्रणाम करता हूँ।

दो

देवताओ! अगर कहीं हो
तो थोड़ी शक्ति दो
ताकि उनसे ले सकूँ लोहा
जिन्हें तुमने ऐसी भक्ति दी है
कि वे कुछ और सोचने-समझने को तैयार नहीं।

देवताओ! अगर तुममें विवेक शेष है
तो बताओ कि धर्म का इस तरह न बचे रहना ही उचित है
कि ऐसे धर्म की हानि में ही धर्म का हित है।

देवताओ! कृपया अब न लो अवतार
कि तुम्हारे वश में नहीं मनुष्यता का उद्धार
कि अब तुम रह गए हो बस, उनकी कुत्सित महत्वाकांक्षाओं के सारथी

जो गाते हैं धर्म की आरती, लेकिन हैं कुत्सित राजनीति के महारथी
वे श्रद्धा को उन्माद में बदलते हैं
ध्वंस पर पाँव रख कर चलते हैं।

वे कभी अयोध्या से और कभी गुजरात से पहुँचना चाहते हैं दिल्ली
इतिहास और इंसानियत की उड़ाते हैं खिल्ली
और डरते हैं, रास्ता काट न जाए इंसाफ़ की कोई बिल्ली।

देवताओ! अगर तुम अपने भक्तों को सिखा सको थोड़ी-सी मनुष्यता,
थोड़ा-सा अपने ऊपर करना संशय,
तब वाक़ई अधर्म हारेगा, तुम्हारे प्रस्तावित धर्म की होगी जय।

तीन

यह प्रार्थना देवताओं से नहीं भक्तों से है
जिसका वास्ता कुछ गुज़रे, कुछ आने वाले वक़्तों से है
तो भक्तो, इंसान की न करते हो तो न सही
भगवान की तो करो फ़िक्र
जिसका हर बात पर करते हो ज़िक्र।

तुम्हीं बताते हो, वह सबकुछ देखता-सुनता है, हर जगह होता है
लेकिन वह मिलता क्यों नहीं, कुछ करता क्यों नहीं
क्या तुम्हें दिखाई पड़ती है उसकी सूरत?
क्या तुम्हें सुनाई पड़ती है उसकी आवाज़?
क्या कभी-कभी तुम्हें वह रोकता-टोकता है?
या वह बेबस सुबकता-रोता रहता है बेआवाज़?
थर-थर काँपता रहता है अपने भक्तों के कृत्य देखकर
क्या सुन सको उसका रोना—इतनी भी संवेदना बची है तुम्हारे भीतर?

या कहीं ऐसा तो नहीं कि तुम्हें नामंज़ूर है यह करुण-कातर भगवान
और तुम चाहते हो वह सर्वशक्तिमान
जो तुम्हारे उन्माद को ही तुम्हारी भक्ति,
तुम्हारी हिंसा को तुम्हारी शक्ति,
तुम्हारे ध्वंस को तुम्हारी रचना
और अपने मरने को अपना बचना माने?

कहीं ऐसा तो नहीं,
तुम ख़ुद बनना चाहते हो ईश्वर
और सोचते हो, वह भी तुम्हारी शक्ति से डरे,
तुम्हारी भक्ति करे।

चार

न कोई अफ़सोस कर, न पश्चाताप कर,
बस हर बात पर तू नमो-नमो जाप कर।
सब धुल जाएँगे चाहे जैसे भी पाप कर,
धर्म का चोला पहन देशभक्ति छाप कर।
इंसानियत छोड़ यार, इंसाफ़ को भूल जा,
बीते हुए दंगों का क्या करेगा विलाप कर।
न कोई सवाल पूछ, न कोई जवाब माँग,
विकास का कम्बल ले, सो जा मुँह ढाँप कर।

लव जेहाद

एक

लड़के पिटेंगे और लड़कियाँ मारी जाएँगी
इस तरह संस्कृति की रक्षा की जाएगी, सभ्यता को बचाया जाएगा।
किसी ज़रूरी कर्तव्य की तरह अपनों के वध के बाद
भावुक अत्याचारी आँसू पोंछेंगे
प्रेम पर पाबन्दी नहीं होगी
लेकिन उसके सख़्त नियम होंगे
जिन पर अमल का बीड़ा वे उठाएँगे
जिन्होंने कभी प्रेम नहीं किया।

जो बोलेंगे, उन्हें समझाया जाएगा
जो चुप रहेंगे उन्हें प्रोत्साहित किया जाएगा
जो प्रशंसा करेंगे उन्हें प्रेरित किया जाएगा
जो आलोचना करेंगे, उन्हें ख़ारिज और ख़त्म किया जाएगा।

धर्म के कुकर्म के बाद पैसे के बँटवारे को लेकर
पीठ और पंथ का झगड़ा राजा सुलझाएगा,
और पुरोहितों-पंडों, साधुओं की जय-जयकार पाएगा
राष्ट्र कहीं नहीं होगा, लेकिन सबसे महान होगा
धर्म कहीं नहीं होगा, लेकिन हर जगह उसका गुणगान होगा

एक तानाशाह अपनी जेब में चने की तरह उदारता लिये चलेगा
और मंचों और सभाओं में थोड़ी-थोड़ी बाँटा करेगा
उसके पीछे खड़े सभासद उच्चारेंगे अभय-अभय
और
पीछे अदृश्य भारी हवा की तरह टँगा रहेगा विराट भय।

इस पाखंडी-क्रूर समय में
प्रेम से ही आएगा,
वह विवेक, वह संवेदन, वह साहस,
जो संस्कृति के नाम पर प्रतिष्ठित की जा रही बर्बरता का प्रतिरोध रचेगा।

दो

और सँकरी हो गई है प्रेम की गली,
गली के दोनों तरफ़ तरह-तरह की चमकती दुकानें सौदागरों ने जमा ली हैं
जो प्रेम के अलग-अलग पैकेज पेश करते हैं
इन गलियों में इत्र सूँघते, बाल सँवारते, शीशों में अपना चुपड़ा हुआ चेहरा
देखते और प्रेम के नाम पर
तरह-तरह की अश्लील कल्पनाओं से भरे शोहदे जब पाते हैं कि
उनकी बहनें भी सहमी-सकुचाई, दुकानों के कानफाड़ू शोर से बचती हुई
आँखें नीची किए, किन्हीं लड़कों के साथ गुज़र रही हैं
तो उनके भीतर का भाई और मर्द
जाग जाता है—अपनी कुंठित कल्पनाओं के प्रतिशोध में
वे वैसी ही कुंठित नैतिकता की शरण में चले जाते हैं,
उनके हाथों में लाठियाँ, साइकिल की चेन, बेल्ट, बंदूकें कुछ भी हो सकती हैं
और वे घर की आबरू बचाने के लिए कुछ भी कर सकते हैं।

ज़्यादा वक़्त नहीं लगता—अगले दिन प्रेम किसी पेड़ से लटका मिलता है,
किसी तालाब में डूबा मिलता है,

किसी सड़क पर क्षत-विक्षत पड़ा मिलता है।
घर की दीवारें राहत की साँस लेती हैं—
ग़मगीन पिता क्रुद्ध-उदास भाइयों की पीठ थपथपाते हैं
कलपती हुई माँ मन ही मन करमजली को कोसती है,
बस अकेली छोटी बहन अपने कातर प्रतिरोध के बीच सहमी हुई
छटपटाती हुई तय करती है—बचाए रखेगी वह अपना प्रेम
किसी को पता नहीं लगने देगी और एक दिन निकल जाएगी चुपचाप,
शीश देने को तैयार उद्धत प्रेम बचा ही रहता है।

तीन

लड़कियाँ तरह-तरह से बचाए रखती हैं अपना प्रेम।

चिड़ियों के पंखों में बाँध कर उसे उड़ा देती हैं
नदियों में किसी दीये के साथ सिरा देती हैं
किताबों में किसी और की लिखी हुई पंक्तियों के नीचे
एक लकीर खींच कर आश्वस्त हो जाती हैं
किसी को नहीं पता चलेगा, यह उनके प्रेम की लकीर है
सिनेमाघरों के अँधेरे में किन्हीं और दृश्यों के बीच
अपने नायक को बिठा लेती हैं,
हल्के से मुस्कुरा लेती हैं
कभी-कभी रोती भी हैं
कभी-कभी डरती हैं
और उसे हमेशा-हमेशा के लिए भूल जाने की कसम खाती हैं
लेकिन अगली ही सुबह फिर एक डोर बाँध लेती हैं उसके साथ।

अपनी बहुत छोटी, तंग और बंद दुनिया के भीतर भी वे एक सूराख़
खोज लेती हैं
एक आसमान पहचान लेती हैं, कल्पनाओं में सीख लेती हैं उड़ना
और एक दिन निकल जाती हैं

कि हासिल करेंगी वह दुनिया जो उनकी अपनी है,
जो उन्होंने अपनी कल्पनाओं में सिरजी है
बाक़ी लोग समझते रहें कि यह प्रेम है
उनके लिए यह तो बस अपने को पाना है—सारे जोखिमों के बीच और
बावजूद।

जब आततायी मारे जाते हैं

एक

धूप धम-धम नगाड़ा बजा रही है
बन्दूक़ें ताने खड़े हैं पेड़
सन्नाटे को सूँघ रही है उमसाई हुई जासूस हवा
नदी यहाँ से वहाँ तक
बारूद की तरह बिछी हुई है
आततायियों से युद्ध के लिए तैयार है जंगल

दो

आततायियों का इन्तज़ार करो
तुम्हें मालूम है, वे आएँगे
तुम्हें मालूम है, वे कहर ढाएँगे
तुम्हारी पीठ पर हैं उनके चाबुक के ख़ुरदरे निशान
तुम्हारे पेट पर है उनके बूटों के रगड़े जाने से बने दाग़
तुम्हारी यादों में है एक जमा हुआ ख़ौफ़
तुम्हारे दिल में है एक धधकता हुआ ग़ुस्सा
आततायियों का इन्तज़ार करो
तुम्हें मालूम है,
एक दिन वे मारे जाएँगे।
तुम्हारे हाथों।

तीन

मरना-मारना दोनों बुरा है
न अत्याचार करो, न अत्याचार सहो
लेकिन जितना पुराना यह सबक है
उतनी ही पुरानी यह सच्चाई
कि अत्याचार भी बचा हुआ है, आततायी भी बचे हुए हैं
कि यह दुनिया डरती रहती है
मरती रहती है
मरने का शोक भी करती रहती है।
लेकिन जब आततायी मारे जाते हैं,
कोई शोक नहीं करता ।

चार

सबसे मुश्किल होता है आततायियों को पहचानना।

जो सबसे पहले पहचान लिए जाते हैं,
वे सबसे कमज़ोर या नासमझ होते हैं
वे छोटे और मामूली लोग होते हैं
वे मोहरे जिनका सिर कटा कर बचे रहते हैं भविष्य के बादशाह।

असली आततायी मीठा बोलते हैं
बोलने से पहले तोलते हैं
हाथों में दस्ताने चढ़ाते हैं
खंजर में सोना मढ़ाते हैं
उन पर अँगुलियों के निशान मिटाते हैं
और बिल्कुल उस वक़्त जब तुम उनसे पूरी तरह बेख़बर या आश्वस्त
अपना अगला क़दम रख रहे होते हो, वे तुम्हें मार डालते हैं
तुम जान भी नहीं पाते कि तुम मारे गए हो
यह ख़ुदकुशी है, अख़बार चीख़ते हैं

नहीं, यह बीमारी है, सरकार चीख़ती है।
कोई डॉक्टर नहीं बताता कि यह बीमारी क्या है।
आततायी बस वादा करता है कि वह बीमारी से भी लड़ेगा।

पाँच

आततायी से लड़ना आसान नहीं होता
इसके कई ख़तरे होते हैं
पकड़ लिया जाना, पीटा जाना, सताया जाना, मार दिया जाना—
कुछ भी हो सकता है।
ये छोटे ख़तरे नहीं हैं।

लेकिन असली और सबसे बड़ा ख़तरा एक और होता है।
आततायी से लड़ते-लड़ते
हम भी हो जाते हैं आततायी।
वह मारा जाता है, शहीद हो जाता है
हम मारे जाते हैं और हमें पता भी नहीं चलता।

छह

आततायी सबसे ज़्यादा किस चीज़ से डरता है?
इन्साफ़ से।
जब इन्साफ़ संदिग्ध हो जाए तो वह सबसे ज़्यादा ख़ुश होता है।
ताउम्र वह इसी कोशिश में जुटा रहता है
कि इन्साफ़ छुपा रहे।
उसकी सारी इनायतें, सारी रियायतें बस इसीलिए होती हैं
कि इन्साफ़ की तरह पहचानी जाएँ
कि चन्द राहतें पैदा करती रहें इन्साफ़ की उम्मीद
और चलता रहे उसका खेल।
वह जुर्म भी करे तो इन्साफ़ मालूम हो

और
जब उसे मारा जाए तो वह इन्साफ़ नहीं जुर्म लगे।

सात

मैं क़ातिलों के साथ नहीं खड़ा हो सकता
हर तरह की हत्या को ख़ारिज करती है मेरी कविता
आततायी से मुक़ाबले के लिए आततायी हो जाना मुझे मंज़ूर नहीं
लेकिन कोशिश भी करूँ तो आततायी के मारे जाने पर
कोई अफ़सोस मेरे भीतर नहीं उपजता।
मुझे माफ़ करें।

रोहित वेमुला के लिए

एक

27 साल से मौत की तिल-तिल अदा की जा रही क़िस्तें
उसने एक बार चुकाने का फ़ैसला किया
और एक लंबी छलाँग लगाकर चला गया उस बेहद लंबी अंधी सुरंग
के पार
जो उसकी ज़िन्दगी थी।
उसकी लहूलुहान पीठ पर सदियों से पड़ते कोड़ों के निशान थे
उसकी ज़ुबान सिल दी गई थी
अपने ज़ख़्मी होठों से जिन शब्दों को वह अपनी मुक्ति के मंत्र की तरह
बुदबुदाना चाहता था,
उन्हें व्यर्थ बना दिया गया था।

उसे दंडित किया गया क्योंकि उसने ऊपर उठने की कोशिश की थी,
वह रामायण का शंबूक था
रोम का स्पार्टाकस
वह उन लाखों-लाख गुमनाम गुलामों, दासों और शूद्रों की साझा चीख़ था
जो पीटे गए, मारे गए, सूली पर चढ़ा दिए गए
जिनके कान में सीसा डाला गया, जिनकी आँख निकाल ली गई,
जिनके शव सड़ने के लिए छोड़ दिए गए सड़कों पर।

वह हमारी आत्मा में चुभता हुआ भारत था
जिसे ख़त्म किया जाना ज़रूरी था।

इतिहास की ताक़तें चुपके से तैयार कर रही थीं उसका फंदा
जब वह मारा गया तो बताया गया कि वह कायर था, उसने जान दे दी।

दो

उसकी माँ थी,
उसके भाई थे,
उसके दोस्त थे
उसके सपने थे
उसका कार्ल सागान था
उसके भीतर छटपटाती कविताएँ थीं
उसके भीतर आकार लेती कुछ विज्ञानकथाएँ थीं
उसके भीतर उम्मीद थी
उसके भीतर ग़ुस्सा था
उसके भीतर प्रतिरोध की कामना थी
लेकिन अपने अन्तिम समय में
वह बिल्कुल ख़ाली था
वह कौन-सा ड्रैक्युला था
जिसने उसके भीतर उतरकर सोख लिया था
उसका पूरा संसार?

तीन

उसने अपनी ख़ुदकुशी के लिए सिर्फ़ ख़ुद को
ज़िम्मेदार ठहराया, किसी और को नहीं।
अब उसके हत्यारे उसका दिया प्रमाण-पत्र दिखाकर
साबित कर रहे हैं कि उन्होंने उसे नहीं मारा।
वह बस अपना जीवन जीना चाहता था

लेकिन इतने-भर के लिए
उसे इतिहास की उन ताक़तों से टकराना पड़ा
जो थकाकर मार डालने का हुनर जानती थीं।

वे किसी कृपा की तरह वज़ीफ़े बाँटती थीं
उनके पास बहुत सारा सब्र था, बहुत सारी करुणा
जिससे वे अपने भीतर की घृणा को छुपाए रखती थीं
उस दिन के इन्तज़ार में
जब कोई रोहित वेमुला हार कर छोड़ देगा अपनी और उनकी दुनिया
वे नहीं चाहती थीं, कोई उन्हें आईना दिखाए
कोई याद दिलाए उन्हें उनका ओछापन।

चार

हमें तो उसका शोक मनाने का हक़ भी नहीं।
हम तो उसे ठीक से जानते तक नहीं।
हमने कभी देखा तक नहीं था कि किस हाल में वह जीता था,
किस तरह मरता था, क्यों लड़ता था।
जब उसे इन्तज़ार था हमारा, तब हम दूर खड़े रहे
उसकी यातना से बेख़बर या बेपरवाह।

कोई नहीं जानता
जिस बैनर से वह ताक़त हासिल करता था
उसे मौत की रस्सी में बदलने से पहले
उसने कितनी रस्सियाँ थामने की कोशिश की होगी
उस सर्द एहसास तक पहुँचने से पहले, जिसमें कोई उदासी नहीं होती
सिर्फ़ निचाट ख़ालीपन होता है,
उसने कितनी बार शब्दों की आँच से
ऊष्मा चाही होगी।

जब यह छोटी-सी डोर भी छिनती लगी उसे
तो उसने यह रस्सी बनाई
और चला गया सबकुछ छोड़कर।

जान देकर ही असल में उसने हासिल की वह ज़िन्दगी
जिसका वह जीते-जी हक़दार था और जो हक़ हमसे अदा न हुआ।

पाँच

लेकिन एक दिन यह क़र्ज़ इतिहास को चुकाना होगा
एक दिन एकलव्य लौटेगा अपना रिसता हुआ अँगूठा माँगने
एक दिन रोम स्पार्टाकस का होगा
एक दिन शंबूक वाल्मीकि के सामने खड़ा होगा
पूछेगा आदिकवि से,
किस अपराध में एक महाकाव्य पर उसके ख़ून के छींटे डाले गए
अपने ख़ून से जो स्याही तुमने बनाई है रोहित वेमुला
एक दिन वह भी काम आएगी।

आधुनिक समय की कुछ उलटबांसियाँ

एक

भीड़ बढ़ती जा रही है
लोग घटते जा रहे हैं
साधन बढ़ते जा रहे हैं
समय घटता जा रहा है
सामान बढ़ता जा रहा है
सुख घटता जा रहा है
इमारतें बढ़ती जा रही हैं
घर घटते जा रहे हैं
जान-पहचान बढ़ती जा रही है
दोस्ती घटती जा रही है
उम्र बढ़ती जा रही है
जीवन घटता जा रहा है।

दो

जो बहुत दूर थे अब बहुत क़रीब हैं
जो बहुत क़रीब थे वे बहुत दूर हैं
जो आवाज़ें हम सुनते हैं वे कहतीं कुछ नहीं
जो चेहरे हम देखते हैं वे याद नहीं रहते

सारी दुनिया के पते हमें मालूम हैं
एक-एक गली का नक्शा हमारी मुट्ठी में है
जीपीएस यह तक बता देता है कि कहाँ जाम है, कहाँ रास्ता खुला है
हम खूब घूमते हैं, लेकिन कहीं पहुँच नहीं पाते
घर का रास्ता हमेशा चकमा दे देता है
जिन्हें हम छूते हैं उनकी आत्माएँ हमसे छिटक जाती हैं
हम ख़ूब खाते हैं मगर भूखे रह जाते हैं
हम ख़ूब नहाते हैं मगर सूखे रह जाते हैं
कोई है जो हमसे बात करने को तरसता है
हम जान भी नहीं पाते, कहाँ यह मेह बरसता है
एक टीसती हुई यंत्रणा-सी लगती है दिनचर्या, जबकि कोई सताने वाला नहीं बचा
हम ख़ुद को भी खाए जा रहे हैं, यह कोई बताने वाला नहीं बचा।

तीन

वे चाहते थे देश मज़बूत हो
उन्होंने इसे तरह-तरह से ठोंका बजाया
वे चाहते थे देश सुन्दर दिखे
इसे दुकानों और रोशनियों से सजाया
वे देश को कंधे पर उठा कर, सर पर बिठाकर घूमना चाहते थे
वे देश को किसी दौड़ में हासिल ट्रॉफी की तरह चूमना चाहते थे
वे देश को बुलेट ट्रेन की तरह चलाना चाहते थे
जो इन सबके रास्ते में आए, उसको काटना-जलाना चाहते थे,
उन्होंने बहुत कोशिश की, बहुत उपाय लगाया
लेकिन देश अक्सर उनकी ज़िद से बड़ा निकलता था
जब वे दौड़ना चाहते थे एक जंगल खड़ा मिलता था
उन्होंने रास्ते में आए पहाड़ गिरा दिए
उन्होंने पेड़ों को काटा, नदियों को सुखा डाला
लेकिन इतना सब करने के बावजूद देश के रवैये ने उनका दिल दुखा डाला।

उन्होंने तलवार निकाली, बंदूक निकाली, और निकाली तोप
उन्होंने शंका करने वालों पर निकाला अपना कोप
उन्होंने नारे लगाए, धमकी दी, उन्होंने मारा-पीटा
उन्होंने साथ न आने वालों को सड़कों पर घसीटा
वे हैरान थे, इन्हें ठीक से ग़ुस्सा आता ही नहीं
न जाने क्या पीकर आए हैं कि नफ़रत करना भाता ही नहीं
ये कौन लोग हैं जो बदले को मानते हैं गलत ख़याल
कैसे उनमें इतनी हिम्मत आती है कि पूछते हैं सवाल
ये कैसे लोग हैं जिनका तरक़्क़ी से, विकास से नाता ही नहीं है
यह कैसा देश है जो उनकी मुट्ठी में समाता ही नहीं है।

चार

हर तरफ़ न्याय का चाबुक था
अन्याय कहीं दुबका सिहरता था
अन्याय अब अदृश्य था
कोई उसकी चर्चा तक नहीं कर सकता था
जबकि न्याय के चमकदार विज्ञापन हर जगह थे
अदालतें बहुत नफ़ीस आवाज़ में
मद्धम-मद्धम बतियाती थीं
मीडिया ज़ोर से चीख़ता था
लेकिन ऐसी भाषा में जो अपना अर्थ खो चुकी थी
वे सब जेलों में थे
जो न्याय पर करते थे संदेह
यह बात शीशे की तरह नहीं
लोहे की तरह साफ़ कर दी गई थी
कि हुकूमत में नाइंसाफ़ी की कोई जगह नहीं है
अगर कहीं अन्याय गलती से दिख भी जाए
तो उसे फ़ौरन न्याय की पोशाक पहनाई जाए
इस तरह अमन-चैन और खुशहाली के अपने साम्राज्य में

बैठा राजा चैन की बंसी बजाता था
यह अलग बात है
किसी को नीरो याद आता था।

एक कविता हृदयेश जोशी के लिए

(जब मैं हिन्दू कठमुल्लापन का विरोध करता हूँ तो वे मुझे सेक्युलर कहते हैं, जब मैं बाज़ार के कठमुल्लेपन का विरोध करता हूँ तो वे मुझे कॉमरेड कहते हैं, वे चाहते हैं कि मैं अपनी राष्ट्रीयता साबित करने के लिए मुस्लिम कठमुल्लेपन का विरोध करूँ : हृदयेश जोशी, फेसबुक पर)

कुछ न कुछ तो कहलाओगे भाई हृदयेश जोशी
मन्दिर का विरोध करोगे तो छद्म सेक्युलर
मोदी का विरोध करोगे तो हिन्दू-विरोधी
कश्मीर में दमन का विरोध करोगे तो राष्ट्र-विरोधी
पाकिस्तान के साथ जंग की मुख़ालफ़त करोगे तो गद्दार
दंतेवाड़ा में गरीबों के मारे जाने का सवाल उठाओगे तो नक्सलवादी
बाज़ार के फैलते जाने पर एतराज़ जताओगे तो कम्युनिस्ट
जंगल कटने के ख़िलाफ़ खड़े होगे तो प्रगति-विरोधी
रीटेल में विदेशी पूँजी को गलत बताओगे तो बाज़ार-विरोधी

कुछ न कुछ साबित तो करना होगा हृदयेश जोशी
बताना होगा कि तुम वंदे मातरम गा सकते हो
क़बूल करना होगा कि मुसलमानों के यहाँ रहने में तुम्हें एतराज़ नहीं,
बशर्ते वे ठीक से रहें
मानना होगा कि 2002 में जो हुआ सो हुआ, 2013 की वाह-वाह जैसी
हुआ-हुआ में तुम भी शामिल हो

नक्सलियों को बताना होगा देश का सबसे बड़ा दुश्मन
आख़िर वे औरतों और बच्चों सहित आते हैं,
न सुरक्षाकर्मियों को छोड़ते हैं न नेताओं को।

स्वीकार करना होगा कि विदेशी पूँजी के बिना देश आगे नहीं बढ़ सकता
विदेशी कम्पनियों के बिना समाज एक क़दम नहीं चल सकता
आख़िर पेप्सी-कोक न हो तो क्या पिएँगे
और
डॉमिनोज़ मैकडोनाल्ड न हो तो क्या खाएँगे बच्चे
लेवाइज़ और डेनिम न हो तो क्या पहनेंगे
कैसे सोएँगे चैन की नींद अमेरिका की थपकियों के बिना।

सच्चा हिन्दुस्तानी होने की ये मामूली-मामूली शर्तें हैं जिन्हें पूरी करो
और आँख बन्द करके जियो।
मनोरंजन के लिए आइपीएल देखो
और उसमें रोमांच मिलाने के लिए सट्टा लगाओ
मनाओ कि चलता रहे खेल पैसे का।

भूलो मत कि तुम एक ताक़तवर मुल्क के नागरिक हो
जो जब चाहे, उमेठ ले छोटे-मोटे मुल्कों की बाँहें
बस कुछ चीन से चिढ़ होती है
कुछ अमेरिका से घबराहट
और कुछ मुल्क के भीतर बैठे उन लोगों से चिड़चिड़ाहट
जो इस तरक़्क़ी का मज़ाक बनाते हैं
याद दिलाते हैं कि यहीं विदर्भ है
यहीं दंतेवाड़ा
यहीं अँधेरे, भूख और ख़ुदकुशी के छोटे-छोटे गाँव और कस्बे
बसते हैं।

क्या ही अच्छा होता
दिल्ली से भी दूर होती राजधानी, जहाँ से कुछ भी सुनाई और दिखाई नहीं पड़ता।

क्या ही अच्छा होता, अमेरिका हमें गोद ले लेता,
न अपने विकास के बारे में सोचते
न इतिहास के बारे में
न किसी दुविधा से गुज़रना पड़ता।

चलो अब ख़त्म करते हैं कहानी
वरना लोग फिर कहेंगे तुम कैसे हिन्दुस्तानी।

सामूहिकता

बेबसी के समंदर में
दिखते हैं प्रतिरोध के टापू
अपनी असमंजस-भरी आवाज़ में खोजता हूँ विश्वास का एक धागा
बहुत कुछ दिया इस ज़माने ने मुझे
लेकिन छीन ली आश्वस्ति अपने होने की।
हमारे समय का शाप मेरे कंधों पर लदा है
जितना चाहिए, उससे ज़्यादा उपभोग अब शौक नहीं, ज़रूरत है,
अपने-आप में सिमटे रहना रणनीति-भर नहीं अब आदत है
पश्चाताप के किन्हीं क्षणों में
अपनी क्षत-विक्षत जर्जर मनुष्यता को याद करना
ही अपने हिस्से की कविता है
सोने से पहले और जागने के बाद
एक ही तरह से जलती आँखें
क्लांत वैभव के खँडहरों को पहचानती हैं
लेकिन उनसे आगे देख नहीं पातीं।
फुसफुसाहटों की तरह आती हैं आवाज़ें
सोई हुई चेतना के द्वार पर दस्तक देती
किसी खोए हुए सपने की याद दिलाती।

सच है कि जीवन में बहुत चैन है
लेकिन इससे भी ज़्यादा बेचैनी है
कोई घुन है जो मुझे खा रहा है
कोई धुन है जो मुझसे खो रही है।

मुझे पुकारती सामूहिकता
मैं तुम्हारे साथ होना चाहता हूँ।

किताबों से कौन डरता है?

एक

जो लिखा है, लिखा रहने दो,
उन्हें कौन पढ़ता है,
किताबों से कौन डरता है
वे ये कहते हैं
और कवियों पर चुटकुले बनाते हैं।
कहानीकारों को उपेक्षा के साथ देखते हैं
उपन्यासकारों को कुछ हैरानी और उबासी के साथ।
निबन्ध लिखने वाले उन्हें समय बरबाद करने वाले लगते हैं
और पूरी किताब लिखने वाले तो ऐसे निखट्टू
जिनका आज की दुनिया में कोई काम नहीं है।
वे इसे निकम्मे लोगों का फुरसतिया शौक मानते हैं
उन पर अफ़सोस करते हैं
और अपनी कामयाबी की रफ़्तार पर,
अपने नए मोबाइल पर, अपनी नई कार पर,
अपनी नई नौकरी और अपने नए पैकेज पर
गुमान करते हैं
इस बात से खुश होते हैं कि कुछ उनसे जलते हैं,
कुछ उनसे डरते हैं

कुछ उनके सामने झुकते हैं
कुछ उनका लोहा मानते हैं,
कुछ की ज़िन्दगी के साथ तो वे खेल भी सकते हैं।
नहीं समझ में आता है
तो उन्हें वह लेखक समझ में नहीं आता है
जो न उनके पैसे से आकर्षित होता है न उनके रुतबे से आतंकित
वह लिखता जाता है
अपनी उपेक्षा, अपने अपमान, अपनी निंदा, अपना मज़ाक सब झेलता हुआ।
उन्हें इतना भी बर्दाश्त नहीं होता यह आदमी शब्दों से खेलता हुआ।

दो

वह लिखता जाता है, लिखता जाता है
अपने नाखूनों से खुरचता हुआ शब्दों की धूल
अपनी आत्मा से निचोड़ता हुआ थोड़ा-सा पानी
ज़माने का रंग मिलाते हुए, ज़िन्दगी की हवा में सुखाते हुए
वह ऐसी मिट्टी गूँथना चाहता है जो सबको अपनी लगे
और बनाना चाहता है एक मूर्ति
जो अक्सर इतनी चंचल और इतनी विराट हो जाती है
कि उसकी कल्पना तो क्या, उसके शब्दों में भी
नहीं समाती है।
यह मिट्टी-मिट्टी यथार्थ उसके हाथ से फिसलता जाता है
वह अदृश्य रह जाता है जो उसके दिल में गाता है
इस टीस के बावजूद लेखक मुस्कुराता है
उसे मालूम है, हमेशा अधूरी रह जाती है रचना।

तीन

इस आधी-अधूरी रचना
से भी वे चाहते हैं बचना
उन्हें मंज़ूर है बस उतना ही रचा जाना

जो सिर्फ़ तारीफ़ लगे, न लगे ख़ुद पर ताना
और इससे आगे जाना
तो ज़्यादा बड़ी ज़ुर्रत है—
वह रचने की कोशिश करना, जो वाक़ई हक़ीक़त है
भले लोकतंत्र है
और हर आदमी मनचाहा कहने-लिखने को स्वतंत्र है,
लेकिन ख़बरदार,
जो सच रचेगा, वह नहीं बचेगा।

चार

लेकिन लेखक भले झूठ बोले
रचना झूठ नहीं बोलती
वह सच की चुगली कर ही देती है
हम चाहते हैं शब्दों को अर्थच्युत कर दें
उनका जीवन ले लें, उनमें भूसा भर दें
लेकिन शब्दों में न जाने कहाँ से चली आती है जान
वे जाने कैसे जाते हैं पहचान
और रचना के भीतर से ही करने लगते हैं शोर
देखो-देखो अर्थों के चोर।
सही लिखे तो लेखक मारा जाता है
लेकिन सही न लिखे तो लेखन मारा जाता है
इसलिए मन मारना पड़े या मारी जाए मति
सच कहने के अलावा रचना की नहीं दूसरी कोई गति।

पाँच

कुछ इलाक़े रचना के लिए ख़तरनाक होते हैं
ख़ासकर वे जहाँ देवता रहते हैं
जहाँ आस्थाएँ टहलती हैं
जहाँ धर्म का वास होता है।

भक्तों को मंज़ूर नहीं कि रचना देवताओं से करे जिरह
कविताएँ भक्ति पर सवाल करें
और किताबें खोलें आस्था की गिरह
रचना से अगर धर्म की ग्लानि हुई
तो भगवान देर से आते हैं
भक्त पहले अवतरित हो जाते हैं।
वे लिखने वालों को समझाते हैं
देखने और सोचने से ज़्यादा बड़ा अधर्म कुछ नहीं
इसलिए क़लम तजो, ईश्वर-ईश्वर भजो
और बाजे की तरह बजो।
दरअसल वे सोचते हैं कि
इस तरह वे उस ईश्वर का क़र्ज़ चुका रहे हैं
जो उन्हें तमाम पापों के बावजूद
अपने धर्म की छतरी के नीचे बचाए रखता है,
लेकिन वे नहीं जानते कि
इस तरह रचना से, कविता से, किताब से और सवालों से
जो धर्म दूर रखा जाता है,
वह सड़ता जाता है
जिस ईश्वर को रोशनी से छुपाया जाता है
वह धीरे-धीरे मरता जाता है।

लिखना

एक

जब कुछ समझ में नहीं आता, तब भी लिखो,
इसलिए नहीं कि दूसरों को दिखो
इसलिए कि अपने लिखे हुए के आईने में देख सको अपने को
उस सपने को, जो तुम्हारे भीतर बार-बार अँखुआता है,
तुम्हें लिखने की मेज़ तक ले आता है।
लिखो कि लिखते हुए यह पता चलता है
कि यह जो चारों तरफ़ फैली दुनिया है
उसका तामझाम तुम्हें कैसे चुपचाप बदलता है।
लिखना सबसे पहले अपने-आप को पहचानना है
अपने भीतर बने कमरों के ताखे देखना, उनमें पड़ी चीज़ों को सहेजना
सँवारना,
आईनों पर पड़ी धूल झाड़ना, अरसे से बन्द पड़ी बत्तियाँ जलाना,
कुछ भूली हुई चीज़ों को नए सिरे से खोज निकालना
मन की खिड़कियाँ खोल कर कुछ बासीपन बाहर जाने देना
बाहर की कुछ ताज़ा हवा भीतर आने देना
और फिर उत्सुक होकर देखना कि कितना कुछ
अपने भीतर बचा हुआ है रचा हुआ है
याद करना कि न जाने कब से आत्मा की इन सीढ़ियों पर नहीं उतरे

कि गीले हैं अब भी हमारे पदचाप
कि लिखना ख़ुद को मुकम्मिल तौर पर जीना है चुपचाप।

दो

कई बार लिखने की इच्छा बहुत गहरी होती है
लेकिन संवेदनाओं की झील जैसे सर्द मौसम में बर्फ़ बनी,
ठहरी होती है
कई बार आकुलता अक्षरों से खेलती है।
बार-बार एक शब्द लिखती-काटती है।
कई बार किसी अर्थ तक पहुँचने की कामना
बड़ी तेज़ी से पूरे-पूरे वाक्य रचती है
और उससे भी तेज़ी से उसे मिटाती है
कई बार हम नहीं जानते कि हमारा लिखना हमें कहाँ लिये
जा रहा है
कई बार सिर्फ़ जैसे उँगलियाँ चलती जाती हैं
जैसे किसी नीमबेहोशी में कोई आत्मा बड़बड़ाती है
लेकिन फिर कोई मोड़ आता है
जहाँ यह पूरा प्रयत्न हमें छोड़ जाता है
हम ठिठके से देखते रहते हैं अपनी ही रचना को
सोचते हुए कि क्या हम इसे रच रहे थे
या यह हमें रच रही थी
कि अचानक कहाँ मिल गया वह बीज
जो बंजर के भीतर गड़ा था
कैसे पकड़ में आ गई वह चीज़
जो तमाम कोलाहल के बीच हमसे दूर खड़ी थी बच रही थी।
लिखना खोई हुई चीज़ों को पाना है
अपने भीतर का वह ठिकाना है
जहाँ हम ख़ुद को खड़ा पाते हैं और एक ख़ुशी से भर जाते हैं।

तीन

जो बहुत कम लिखते हैं
वे बस बहुत कम लिखते हुए दिखते हैं
क्योंकि लिखने का काम उनके भीतर चल रहा होता है
कोई अंकुर उग रहा होता है, कोई द्वंद्व पल रहा होता है
चाहे सावधानी हो या संशय हो
या फिर अधपके निकाल लिए जाने का भय हो
वे अपनी रचना को बार-बार उलटते-पलटते हैं
अपने भीतर की आँच में सेंकते हैं
ये वे लोग हैं जो अपनी रचना से बहुत प्यार करते हैं
और उनकी रचना भी उनसे उतना ही प्यार करती है।

चार

जो लोग बहुत ज़्यादा लिखते हैं
वे भी ज़्यादा लिखते हुए ही दिखते हैं
वे अक्सर होते हैं बड़ी हड़बड़ी में
हर आहट को, हर छटपटाहट को रच देने की व्याकुलता
उन्हें लेखक बनाती है
लेकिन दुनिया पाती है
कि वे बार-बार एक ही वृत्त के भीतर घूम रहे हैं
कि बार-बार एक ही रास्ते पर चल रहे हैं
कि वे बस अक्षरों की पोशाकें बदल रहे हैं
लेकिन बस इसीलिए वे हिक़ारत से देखे जाने योग्य नहीं हो जाते हैं
आख़िर कितने लोग हैं इस दुनिया में
जो अपनी रचना को खाते-पीते ओढ़ते-बिछाते हैं
उनके भीतर भी होता है एक सच्चा रचनाकार
भले ही वह बाहर न आए बार-बार
लेकिन उसकी अचानक मिलने वाली कौंध भी होती है मूल्यवान
कि ऐसे लोगों का भी हमें करना चाहिए सम्मान।

पाँच

मगर फिर आता है वही ख़याल
कि लिखने से क्या होगा?
लिख-लिख कर काग़ज़ काले करते चलो
पोथे भरते चलो,
अरे पढ़ेगा कौन?
साथी, दोस्त, पत्नी,
सब पूछते हैं यह सवाल—
कौन-सा कर जाओगे कमाल?
जो कुछ कहता नहीं, वह समाज भी
अपने लेखक की करता है उपेक्षा
उसे पता है—यह किसी काम का नहीं है
यह किसी और के लिए कुछ कर नहीं सकता, कुछ सह नहीं सकता
यह तो अपने लिखे हुए के साथ खड़ा भी रह नहीं सकता।
लेकिन मैं कैसे बताऊँ कि क्यों लिखता हूँ?
इस सवाल का जवाब तो ठीक-ठीक मेरे पास भी नहीं है
कि क्यों लिखता हूँ इतने प्रतिरोध के बाद भी
किसी की उपेक्षा, किसी के उपहास और किसी के क्रोध के बाद भी।
शायद इसलिए कि और कुछ आता नहीं।
(पता नहीं, लिखना भी आता है या नहीं)
या फिर शायद इसलिए कि इसमें कुछ जाता नहीं।
या फिर इसलिए कि मन इसी में लगता है
लेकिन यह क्या सिर्फ़ आने-जाने का, मन बहलाने का खेल है?
या लिखते हुए भीतर से भी कुछ जगता है?
कुछ जो हमें सिर्फ़ नया नहीं करता
कुछ और बना जाता है
किसी ईश्वर ने—जिसका न पता-ठिकाना मालूम है
और न जिसके होने का पक्का यक़ीन है—
जैसा हमें बनाया है, जैसी हमारी दुनिया बनाई है,
लिखना उस दुनिया को अपने लिए एक खिलौने में बदलना है,

अपने मनचाहे आकार में ढालना है,
अपने लिए भी जीने की नई हिकमतें निकालना है।
या पता नहीं, यह सब भी बेवजह है,
लिखना बस लिखना है, खुश हो जाना है
यही अपना घर है, यही अपना ठिकाना है।

कविता लिखने के संकट

एक

अंततः एक निस्तब्धता में डूब जाती हैं ध्वनियाँ
दुख के दरवाज़े पर ठिठक जाते हैं शब्द
एक ठहरी हुई झील में तिरते हैं कुछ अस्फुट स्वर
एक चुभती हुई विफलता जैसे करती रहती है पीछा
बहुत सारी अव्यक्त सच्चाइयाँ दस्तक दे रही होती हैं बन्द किवाड़ों पर
किन्हीं अँधेरे गलियारों में भटकती कविता
ज़िन्दगी का हिसाब माँगती है
जिसे ख़ुद नहीं मालूम कि उसे जिया कैसे गया।

दो

बहुत भावुक होने से भी शायद बन जाए कविता
बहुत रहस्यमय दिखते हुए खोहों में दाख़िल होने से भी मिले शायद
कुछ अर्थ
लेकिन यह समय बहुत सारी जटिल सच्चाइयों का है
जिन्हें अपनी पीठ पर ढो नहीं सकती कविता
यहाँ शब्दों के अर्थ रोज़ बदल रहे हैं
सहिष्णुता आज की तारीख़ में एक संदिग्ध शब्द है
बन्दूक़ की वह गोली, जो तुम्हारे दरवाज़े पर आकर

सम्मान से तुम्हें पुकारती है
और जैसे तुम बाहर आते हो, तुम्हारे सिर में उतर आती है।
इस कसूर में कि तुम उनके दिए सच को ज्यों का त्यों नहीं स्वीकार करते
देशभक्ति एक ख़तरनाक शब्द है
किसी तलवार की तरह
जिससे तुम्हारी गर्दन बस यह पूछने के लिए
उड़ाई जा सकती है कि आज की तारीख़ में दाल की क़ीमत क्या है?
मनुष्यता राजनीति के हाथ में पड़ा वह चाबुक है
जो दलितों-वंचितों की पीठ पर अपने होने का अर्थ बताता है
और कविता...
वह भी बदल चुकी है अपना चोला
जिसे दरबार का विलास बनाना चाहता है कोई कवि भोला
मगर नहीं जानता कि वैसी हालत में वह मर जाती है
बस बची रहती है कविता की केंचुल
तब असली कविता किन्हीं जंगलों में अपने मौक़े का इन्तज़ार कर रही होती है
यह जानती हुई भी कि यह मौक़ा शायद कभी न आए।

तीन

प्रेम इतना नहीं बचा है कि उससे कुछ रचने की नौबत आ जाए
पानी इतना नहीं बचा है कि आँख से टपके,
और किसी से बचने की नौबत आ जाए
मनुष्यता इतनी नहीं बची है कि शब्दों में डाल सके जान
सरोकार इतना नहीं बचा है कि हम एक-दूसरे को अपना सकें मान
समय इतना नहीं बचा है कि ठहरें और समझें कविता का अर्थ
सब्र इतना नहीं बचा है कि जीवन की परतों को खुरचें—यह लगता है व्यर्थ
सम्मान इतना नहीं बचा है कि उसे दाँव पर लगाने में कोई शर्म आए
ममता इतनी नहीं बची है कि उसके स्पर्श से रचना में कोई मर्म आए
यह जो आपाधापी है, यह जो सब कुछ चुक रहा है

उससे सबसे ज़्यादा उस कविता का रास्ता रुक रहा है
जिससे जीवन में आती है थोड़ी-सी सुन्दरता, थोड़ी-सी सम्भावना,
बेशक कुछ संशय भी
जिससे कुछ साहस मिलता है, संबल मिलता है
और कम होता है अकेले होने का भय भी।

समय को समझने की कुछ और कोशिशें

एक

समय वह अदृश्य झरना है जो हमारे आँसुओं से बनता है
बेआवाज़ वह अनुपस्थिति जिसकी चहलक़दमी सबसे ज़्यादा महसूस होती है
ये उसकी सड़कें नहीं, हमारे सीने हैं
जिन पर वह पाँव धरता है
यह धरती उसकी बेडौल स्लेट है जिस पर किसी नटखट शिशु-सा वह खेलता है।
हम वे अक्षर हैं जिन्हें वह लिखता है
हम वे इबारतें हैं जिन्हें वह मिटाता है
वह पहाड़ों से उतरता नदियों में मुँह धोता
सूरज के आईने में अपनी बेआकार सुन्दरता को निहारता है
वह जो हमसे ले जाता है, वह सुख है
वह जो हमें दे जाता है, वह दुख है
वह बीत जाता है हम रीत जाते हैं
हम बीता हुआ, रीता हुआ समय हो जाते हैं
जो हमें याद करता है, दरअसल उस समय को याद करता है।

दो

समय को पकड़ने की कोशिश कोई कैसे करे
वह कल्पनाओं की बड़ी से बड़ी मुट्ठी में नहीं आता

वह यादों की बड़ी से बड़ी सन्दूक में नहीं समाता
कभी वह इतना सूक्ष्म हो जाता है कि दिखाई नहीं पड़ता
कभी इतना विराट कि मापा नहीं जाता
वह कभी इतना ठहरा हुआ लगता है कि
बर्फ़ की झील मालूम पड़े
और कभी इतने उद्दाम वेग से भरा
कि सूनामियाँ शरमाएँ-सिहर जाएँ
यह समय जैसे कोई मायावी है
कभी उसका एक पल युगों जैसा लगता है
कभी-कभी कई युग पलक झपकते बीत गए लगते हैं
वह कभी हमारे जिस्मों में बैठा मालूम होता है
हमारे पुर्ज़े घिसता हुआ और उनकी एक्सपायरी डेट देखता हुआ
कभी वह जिस्मों से बाहर दुनिया के सारे कोलाहल में व्याप्त नज़र आता है
इस समय के साथ हमारा रिश्ता बड़ा अजीब है
जो जितनी तेज़ी से बीतता है, हम उसके उतने ही ठहरे रहने की कामना करते हैं
जो बिल्कुल ठहर जाता है, उसके किसी तरह बीत जाने की प्रार्थना करते हैं
समय के साथ यह लुकाछिपी खेलते, कभी उसे बदलते,
कभी उसके हिसाब से बदलते
कहाँ तक चली आई है मनुष्यता।
सोचा है यह कभी?

तीन

वह बहुत बड़ा वैज्ञानिक और गणितज्ञ रहा होगा
जिसने पहली बार पहचाना होगा कि
सूरज के उगने और डूबने का समय बिल्कुल एक है
उसकी निठल्ली एकाग्रता की कल्पना भी मुश्किल है
जिसने एक-एक लम्हे को गिनते हुए जोड़ा होगा
कि सूरज सिर तक आने में और फिर

उतर कर विलीन हो जाने में
कितना समय लेता है
उसका साहस भी अनूठा होगा
जिसने देखा होगा कि रात भी दिन की सहेली है
दोनों मिलकर आते-जाते बनाते हैं जीवन का वह सिलसिला
जो अब तक की सबसे बड़ी पहेली है
और उसकी तो कल्पना करो
जिसने मौसमों का हिसाब लगाया होगा
सर्दियों में काँपते हुए, बौछारों में तर-बतर और
गर्मियों में बिल्कुल लाल भभूका पाया होगा
कि मौसम लौट कर आते हैं और ऋतुओं की भी लय होती है
जिन्हें ठीक से समझ जाएँ तो आने वाले दिनों का स्वभाव समझा जा सकता है
बेशक, ये सब एक दिन में नहीं हुए होंगे
न जाने कितने अछोर बरस-दशक खप गए होंगे
हो सकता है कुछ सदियाँ भी बह-बिला गई होंगी
लेकिन यह इंसान होने का जुनून और करिश्मा न होता
तो एक अनंत-अछोर, बेसिलसिला स्मृतिविहीनता में
क्या डोलती नहीं रहती यह दुनिया?
समय की बहुत परवाह न करने वाले इस समय में
एक सलाम उनको करने का जी चाहता है
जिन्होंने काल के चक्के को रोक कर उसकी धुरियाँ गिनीं
और सभ्यता के सफ़र का ठीक-ठीक हिसाब लगा डाला।

चार

लेकिन हर समय एक-सा नहीं होता
हमारी स्मृति में न जाने कितने लहूलुहान समय दर्ज हैं
जो सिर्फ़ हमें ही नहीं, हमारी पूरी सभ्यता को टीसते रहेंगे।
लेकिन उनके मुक़ाबले में एक स्मृति उन समयों की भी होगी

जब प्रतिरोध ने मानवीय गरिमा को नए मानी दिए होंगे
दरअसल हम सब इस समय में हैं—इस समय की संतानें हैं
हम इस समय में ही बोते हैं, इस समय में ही काटते हैं
हम इस समय में ही पुकारते हैं, इस समय में ही हारते हैं
शुक्र है कि हम इस समय में जीतते भी हैं और जीतते हुए
अपना भरोसा भी जीतते हैं।
न जाने कितने तूफ़ान हमारे ऊपर से गुज़र गए
न जाने कितने जलजलों ने हमारे नीचे की धरती खिसका डाली
न जाने कैसे-कैसे सैलाब हमें बहा कर ले गए
लेकिन समय में हमने अपना भरोसा बनाए रखा।
इन दिनों भी हम जैसे एक सैलाब के सामने हैं
बस इस उम्मीद की डोर थामे
कि एक दिन समय इस सैलाब को भी अपने साथ बहा ले जाएगा।

पाँच

समय को लेकर बुज़ुर्गों ने न जाने कितने मुहावरे गढ़े
सलाह दी कि समय बहुत बलवान होता है, उससे डरो
समझाया कि समय बहुत क़ीमती होता है, उसे बरबाद न करो
ताक़ीद की कि समय का सम्मान करना सीखो
वह हमेशा एक जैसा नहीं होता
असमय, बेसमय, कुसमय कुछ करने, न करने के नियम बनाए
शुभ समय निकालने के ढेर सारे तरीक़े खोजे
लेकिन समय से संग्राम जैसे चलता रहा
अच्छे समयों में बुरी ख़बरें आती रहीं
बुरे समयों में उम्मीदें माथा सहलाती रहीं
यह भी सुना कि समय पंख लगाकर उड़ता है
जब कभी ऐसा हुआ, तब पता ही नहीं चला
कि वह समय था जो चला गया।
हमें तो ज़्यादातर वह कटे पंखों के साथ धरती पर गिरा मिला।

इसी से समझ में आया
समय कई तरह के होते हैं,
समय के विरुद्ध भी होता है एक समय
अच्छे समय के पीछे हमेशा लगा रहता है बुरा समय
हालाँकि जिन्होंने समय की बहुत ज़्यादा परवाह की
वे भी ठीक से जी नहीं पाए
और जिन्होंने समय को बहुत ज़्यादा साधना चाहा
उन्होंने हासिल तो बहुत किया, लेकिन सुखों को महसूस करना भूल गए
जो समय से बेपरवाह रहे, उन्होंने बहुत सारे दुख उठाए
जो समय से आगे रहे, उन्होंने जमाने के हाथों बहुत सारे ज़ख़्म खाए
लेकिन यह सच है कि दुनिया उन्होंने ही बनाई
जिन्होंने समय को अपनी तरह से दी चुनौती
उसको अपनी तरह से जिया
और जीते-जीते नए सिरे से परिभाषित कर दिया।

कुछ झूठी कविताएँ

एक

झूठ लिखूँगा अगर लिखूँगा कि कभी झूठ नहीं बोला
सच बोलने के लिए अब भी नहीं लिख रहा
यह समझने के लिए लिख रहा हूँ
कि सच-झूठ के बीच किस तरह झूलता रहा हमारा कातर वजूद।
जीवन-भर सच बोलने की शिक्षा और शपथ के बीच
कई फँसी हुई गलियाँ आईं जब झूठ ने ही बच निकलने का रास्ता दिया।
जब सच से आँख मिलाने का साहस नहीं हुआ
तब झूठ ने ही उँगली पकड़ी और कहा, आगे चल।
यह झूठ के प्रति कृतज्ञता ज्ञापन नहीं है,
बस यह समझने की कोशिश है कि आख़िर क्यों जी यह झूठी ज़िन्दगी
क्या रस मिलता रहा इसमें?
या जैसे 24 कैरेट सोना ठोस नहीं हो पाता,
उसमें भी दो कैरेट करनी पड़ती है मिलावट
क्या कुछ वैसा ही है ज़िन्दगी का माज़रा?
जो सच के धागों से बुनी होती है
लेकिन झूठ के फंदों में फँसी होती है?
या यह एक झूठा तर्क है
अपने जिए हुए को, अपने किए हुए को सही बताने का
झूठ को सच के सामने लाने का?

दो

सच बोलने के लिए जितना साहस चाहिए
झूठ बोलने के लिए उससे ज़्यादा साहस चाहिए
आख़िर पकड़े जाने का ख़तरा तो झूठ बोलने वाले को उठाना पड़ता है।
सच बोलने वाले को लगता है, सिर्फ़ वही सच्चा है
जबकि झूठ बोलने वाला जैसे मान कर चलता है, सब उसकी तरह झूठे हैं
इस लिहाज से देखें तो झूठ सच के मुक़ाबले ज़्यादा लोकतांत्रिक होता है।
सच इकहरा होता है, झूठ रंगीन
सच में बदलाव की गुंजाइश नहीं होती, झूठ में भरपूर लचीलापन होता है
कहते हैं, झूठ के पाँव नहीं होते, लेकिन उसके पंख होते हैं
लेकिन कहते यह भी हैं
दलीलों की ज़रूरत झूठ को पड़ती है
सच को नहीं।

तीन

अक्सर बहुत ज़ोर से सच बोलने का दावा करने वाले
भूल जाते हैं कि सच क्या है
सच की दिक्कत यह है कि वह आसानी से समझ में नहीं आता
ज़िन्दगी सच है या मौत?
अँधेरा सच है या रोशनी?
अगर दोनों सच हैं तो फिर दोनों में फ़र्क क्या है?
सच सच है या झूठ?
झूठ भी तो हो सकता है किसी का सच?
और ज़िन्दगी के सबसे बड़े सच
सबसे नायाब झूठों की मदद से ही तो खुलते हैं।
पूरा का पूरा रचनात्मक साहित्य अंततः कुशल ढंग से बोला गया झूठ ही तो है
जो न होता तो ज़िन्दगी के सच हमारी समझ में कैसे आते?

कायदे से सच को झूठ का आभारी होना चाहिए
झूठ है इसलिए सच का मोल है।

चार

झूठ है सबकुछ
झूठ है ज़िन्दगी जिसे ख़त्म हो जाना है एक दिन
झूठ हैं रिश्ते जो ज़रूरत की बुनियाद पर टिके होते हैं
झूठ है प्यार, जो सिर्फ़ अपने-आप से होता है—दूसरा तो बस अपने को चाहने का माध्यम होता है
झूठ है अधिकार, जो सिर्फ़ होता है मिल नहीं पाता
झूठ है कविता—अक्सर भरमाती रहती है
झूठ हैं सपने—बस दिखते हैं होते नहीं
झूठ है देखना, क्योंकि वह आँखों का धोखा है
झूठ है सच, क्योंकि उसके कई रूप होते हैं
झूठ हैं ये पंक्तियाँ—इन्हें पढ़ना और भूल जाना।

पैसे

एक

बहुत पैसे कमाता हूँ
ज़रूरत, शौक या दिखावे पर खरचने के लिए
अब सोचना नहीं पड़ता।
मॉल और मल्टीप्लेक्स में धड़ल्ले से जाता हूँ
अब पहले की तरह डॉक्टर के पास जाने के पहले
नई सैलरी का इन्तज़ार नहीं करना पड़ता
या महीने के आख़िर में मेहमानों के चले आने पर
पैसे का इन्तज़ाम नहीं करना पड़ता
इसके बावजूद न फ़िक्र घटती है
न तनाव कम होता है
उल्टे वह बढ़ता जाता है
सबसे ज़्यादा बढ़ती है असुरक्षा
उससे कुछ कम, लेकिन फिर भी काफ़ी, बढ़ जाती है अतृप्ति।
सबसे कम बढ़ती है ख़ुशी।
बल्कि उसे खोजना पड़ता है,
उसका इन्तज़ाम करना पड़ता है
जिसमें बहुत पैसा लगता है
और ये भ्रम भी बनता है

कि और पैसा होगा तो और खुशी खरीद लाएँगे हम।
धीरे-धीरे यह भ्रम यक़ीन में तब्दील होता जाता है
फिर ज़रूरत में और अंत में आदत में।
इस बीच पैसा कमाने की दौड़ बड़ी होती जाती है
हाँफती हुई उम्र अपने लिए उल्लास की तलाश में निकलती है
और बाज़ार जाकर लौट आती है—किसी कचोट के साथ महसूस करती हुई
कि ज़िन्दगी तो छूट गई पीछे।

दो

बहुत पैसे कमाता हूँ
लेकिन तब भी कुछ लोगों के आगे कम लगते हैं।
क्योंकि जो ऊपर हैं वे बहुत ऊपर हैं।
जिस रफ़्तार से मैं पैसे कमाता हूँ
उस रफ्तार से इस देश के सबसे अमीर आदमी जितने पैसे कमाने के लिए
मुझे 72,000 जन्म लेने पड़ेंगे।
या क़रीब इतने ही लोगों के जीवन से खेलना पड़ेगा।
इतनी उम्र या इतनी ताक़त
मानव रहकर तो नहीं आ सकती
उसके लिए शायद राक्षस जैसा कुछ बनना पड़ेगा।
जबकि यह अभी ही लगता है,
पैसे भले कुछ बढ़ गए हों
मनुष्यता कुछ घट गई है
अपनी भी और अपने आस-पास भी।
आवाज़ें सुनाई नहीं पड़तीं, दृश्य दिखाई नहीं पड़ते।
लोग बहुत दूर और पराए लगते हैं
उनका कोई सुख-दुख छूता-छीलता नहीं।
अपने सुख-दुख का भी पता कहाँ चलता है।
जब कभी आईना देखता हूँ तो पाता हूँ

कोई अजनबी खड़ा है सामने
पूछता हुआ, कहाँ खो गए तुम?

तीन

निकला नहीं था मैं पैसे कमाने
भटकता हुआ आ गया इस गली में
इस भ्रम में आया कि यहाँ शब्दों का मोल समझा जाता है
ये बाद में समझ पाया कि यहाँ तो शब्दों की पूरी दुकान लगी है।
मुझे लोगों ने हाथों-हाथ लिया
क्योंकि शब्दों के साथ खेलने का अभ्यास मेरा खरा निकला।
जिसने जैसा चाहा उससे कहीं ज़्यादा चमकता हुआ लिखा।
जितनी जल्दी चाहा, उससे जल्दी लिखकर दिया।
लेख लिखे, श्रद्धांजलियाँ लिखीं, कविता लिखी, कहानी लिखी,
साहित्य की बहुत सारी विधाओं में घूमता रहा
किताबें भी छपवा लीं
संकोच में पड़ा रहा, वरना दो-चार पुरस्कार भी झटक लेता।
हिन्दी साहित्य और पत्रकारिता में जोड़े ढेर सारे पन्ने
और हर पन्ने की पूरी क़ीमत वसूल की
लेकिन यह करते-कराते, कभी-कभी लगता है
खो बैठा उस लेखक को, जो मेरे भीतर रहता था
दुख सहता था और संजीदगी से कहता था
कभी-कभी जब उससे आँख मिल जाती है
तो अपनी ही कलई खोलती ऐसी बेतुकी कविता सामने आती है।

बड़ा होना

एक

जैसे-जैसे हम बड़े होते जाते हैं,
हमारा छोटापन भी बड़ा होता जाता है
छूटता जाता है अन्याय से आँख मिलाना
और उसे याद दिलाना
कि वह अप्रतिरोध्य नहीं है
कोई पीड़ा रोक नहीं पाती पाँव
दिल में पहले की तरह नहीं मचता हाहाकार
आँख मूँदना
कान बन्द कर लेना
ज़ुबान सिल लेना
आसान हो जाता है
सीख लेते हैं देना
संयत प्रतिक्रियाएँ
चालाक चुप्पी और सतर्क सयानेपन के साथ
हिसाब-किताब देख कर तय करते हैं
कहाँ जाएँ कहाँ न जाएँ
जैसे-जैसे हम बड़े होते जाते हैं
जैसे अपनी ही चेतना के ख़िलाफ़ खड़े होते जाते हैं।

दो

बड़ा होना मुश्किल होता है
बड़ा दिखना आसान
हालाँकि उतना भी नहीं
क्योंकि फिर जीने का पूरा अभ्यास बदलना पड़ता है
कुछ ज़माने की चाल देखकर चलना पड़ता है
कुछ मौक़े की नज़ाकत के हिसाब से फिसलना पड़ता है
बड़ा दिखने की कोशिश में
हम ओढ़ते हैं एक नकली भाषा
और कभी-कभी तो बदल डालते हैं,
बड़प्पन की परिभाषा।
फिर धीरे-धीरे बड़प्पन का एक कवच तैयार करने में कटती जाती है उम्र
और हम दूसरों को नहीं, ख़ुद को देखते रहते हैं,
कभी इस फ़िक्र में कि कहीं इस कवच में कोई दरार तो नहीं
कभी इस दिलासे में कि अपना छुपाया हुआ ओछापन
दूसरों को भी नहीं दिख रहा होगा
और कभी इस उम्मीद में
कि एक दिन अपनी निगाह में हम हो जाएँगे बड़े।

तीन

बड़ा होना क्या होता है?
क्यों किसी को बड़ा होना चाहिए?
जो भी आदमी कमाता है मेहनत की दो रोटी
वह बड़ा होता है।
जो ज़्यादा मेहनत करता है, उसे ज़्यादा कमाना चाहिए।
लेकिन ऐसा होता नहीं
मेहनत को नीची निगाह से देखने की आदत कुछ इतनी गहरी हो गई है
कि जो हमारे हिस्से के सबसे ज़रूरी काम करता है,
उसे हम बिल्कुल अछूत मान लेते हैं

सबसे ज़्यादा इज़्ज़त सबसे कम काम करने वाले पाते हैं
क्योंकि वे तय करते हैं पड़े-पड़े
कौन से काम छोटे होते हैं कौन से बड़े।
वे बनाते हैं पैमाने
कुछ इस तरह कि दुनिया उन्हें ही बड़ा माने।

चार

फिर भी कुछ लोग बड़े होते हैं
क्योंकि वे दूसरों के लिए खड़े होते हैं
क्योंकि वे कुछ ऐसा रचते हैं
जिससे यह दुनिया सुन्दर हो जाती है
क्योंकि वे कुछ ऐसा करते हैं
जिससे वक़्त की ठहरी हुई झील में
नई सरगोशियाँ पैदा होती हैं
क्योंकि वे कुछ ऐसा बनाते और दे जाते हैं
जिसके आईने में ज़माना ख़ुद को नए सिरे से पहचानता है
ज़रूरी नहीं कि बड़े लोगों को सब जानते हों।
उनमें से कई गुमनाम रह जाते हैं, कई गुमनाम मर जाते हैं
उनका बाद में भी पता नहीं चलता।
लेकिन दुनिया में जितनी सारी दिलकश चीज़ें हैं
इंसान के ग़ुरूर करने लायक़ जितना कुछ है
किसी ख़ुदा की बनाई धरती में जोड़ा गया, सिरजा गया
जो लगातार आगे बढ़ता संसार है,
वह कैसे मुमकिन होता अगर इतने सारे नामालूम बड़े लोग
चुपचाप अपना काम न कर रहे होते?
कभी इन गुमनाम नायकों के नाम भी होना चाहिए एक सलाम।

पाँच

जिसको होना है बड़ा हुआ करे
ये रोग हमको न हो ख़ुदा करे
खूब उठो, ऊँचे उठो, अपनी दुआ
कुछ वो करो कि दुनिया दुआ करे,
जो करो जहाँ करो बस रहे ख़याल
अपना किया ख़ुद को न शर्मिंदा करे
आओ-जाओ, मिलो-जुलो हर तरफ़
हमारी भी बरक़त तुम्हें लगा करे,
अपनी हसरत भी ज़माने की ज़रूरत भी
दिल बड़ा रखो तो दुनिया तुम्हें बड़ा करे।

सफल लोगों के बारे में एक असफल आदमी की कविता

मेरे आसपास कई सफल लोग हैं
अपनी शोहरत के गुमान में डूबे हुए।
जब भी उन्हें कोई पहचान लेता है
वे खुश हो जाते हैं
और अक्सर ऐसे मौक़ों पर अतिरिक्त विनयशील भी
जैसे जताते हुए कि उन्हें तो मालूम भी नहीं था कि वे इतने सफल और प्रसिद्ध हैं
और बताते हुए कि उन्हें तो पता भी नहीं है कैसे आती है सफलता
और कैसे मिलती है प्रसिद्धि।
उनके चेहरों पर होती है थोड़ी-सी तृप्त और मासूम मुस्कुराहट
और साथ में हाथ झटकते हुए वे कभी-कभी मान भी बैठते हैं
कि जो भी मिला संयोग से मिला, वरना उन जैसे क़ाबिल लोग और भी हैं
कुछ तो उनसे भी क़ाबिल,
जो उनके साथ बैठकर कभी अपनी क़लम और कभी अपनी कुंठा घिसते हैं।
इस अर्द्धसत्य में झूठ की मिलावट बस इतनी होती है
कि जिसे वे संयोग बताते हैं, उसे सम्भव करने के लिए उन्होंने जो कुछ किया
उसे वे छुपा ले जाते हैं।
सच है कि उनको देखकर थोड़ी-सी हैरानी होती है,

थोड़ा-सा अफ़सोस भी और थोड़ी-सी कुंठा भी।
कभी-कभी लगता है, क़िस्मत उन पर ज़्यादा मेहरबान रही
कि उन्हें वह सब मिलता गया, जिसकी कामना दूसरे करते हैं।
कभी-कभी लगता है, जब माँगने, हासिल करने या छीनने का वक़्त आया
तो ज़ुबान तालू से चिपक गई, आँख नीची हो गई,
हाथों ने हिलने से इनकार कर दिया।
हक़ीक़त जो भी हो, एक बात समझ में आई
कि सफलता ऐसे ही नहीं मिलती है,
उसके लिए कुछ छोड़ना भी पड़ता है, कुछ छीनना भी।
पहले अपने-आप को सफलता के लिए सुपात्र बनाना पड़ता है
जिसमें उचित जगह पर रिरियाने की, उचित जगह पर हँसने की,
उचित जगह पर तारीफ़ करने की, उचित जगह पर निंदा करने की,
उचित जगह पर चीख़ने की भी समझ और आदत विकसित करनी पड़ती है
जिसमें शुरू में तकलीफ़ होती है, लेकिन बाद में सब ठीक हो जाता है।
सफलता की गर्द धीरे-धीरे दिल के बोझ से ज़्यादा वज़नदार हो जाती है
और आदमी को हलका-हलका लगने लगता है।
फिर एक बार आप सफल हो गए तो आगे सफलता आपको बनाती है
कुंठित लोग पीछे छूट जाते हैं
अपनी असफलताओं के लिए दूसरों को ज़िम्मेदार ठहराते
ख़ुद के न बदलने की मायूसी के मारे
और ऐसी कविताएँ लिखते हुए, जिनमें नाकामी के लिए तर्क तलाशे जाते हैं।

लेकिन मेरे पास कोई तर्क नहीं है
इस फ़र्क़ के सिवा कि लिखने और बोलने से पहले
आसपास देखने और तोलने का अभ्यास कभी बन नहीं पाया।

घूमते-घूमते

एक

यहाँ हवा बहुत तेज़ और ठंडी है
यहाँ धूप की चमक बहुत गाढ़ी है
यहाँ पहाड़ बहुत पास हैं और बहुत ऊँचे
यहाँ चमचमाती हुई बर्फ़ आँखों का इम्तिहान लेती है
यहाँ बेपनाह सुन्दरता पसरी है चारों तरफ़
बताती हुई कि प्रकृति से सुन्दर कुछ भी नहीं
बुलाती हुई कि आओ बस जाओ यहीं
लेकिन इस विराट अनुभव से भी विराट
जो कोलाहल हमने बुन रखा है अपने चारों तरफ़
उसका हम क्या करें, उसे कैसे छोड़ दें?

दो

एक क्लिक के साथ झरना कैमरे में क़ैद हो गया
एक फ्लैश के साथ नदी जड़ हो गई,
12 मेगापिक्सल कैमरे वाले मोबाइल में समा गई
पहाड़ को पूरा पैक करना सम्भव नहीं था इसलिए उसके टुकड़े-टुकड़े
किए गए
उसे कई दृश्यों में बाँटा गया, कई ऐंगिल से खींचा गया

बेशक, ठंड का सिहरा देने वाला तीखापन किसी कैमरे की पकड़ में
नहीं आया,
धूप की चमक के आगे भी फ्लैश ठिठक से गए
हवा तो दिखती ही नहीं है, उसकी तस्वीर कैसे उतारते
और खुशबू को पकड़ पाने वाले कैमरों की कल्पना भले की गई हो,
वे अब तक बने नहीं हैं
फिर भी अपनी संपन्नता
और अपने सैलानी सामर्थ्य से तृप्त चमकती हुई आँखों में
अचरज कम, उल्लास ज़्यादा था कि वे कारों और घोड़ों की मदद से
अपनी हाँफती हुई साँसों के बीच यहाँ तक आ पहुँचे हैं
और जल्द ही इस समूचे दृश्य को फेसबुक पर अपलोड कर देंगे
पहाड़ इन दिनों एक पैकेज है
जिसे पिज़्ज़े की तरह खरीदा और टुकड़े-टुकड़ कर खाया जाता है।
पैकेज ख़त्म पहाड़ ख़त्म, पैसा हजम।

तीन

देखने-सुनने की बहुत सारी विधियाँ-प्रविधियाँ
ईजाद और विकसित करने के बावजूद,
और सेव, शेयर और लाइक करने के
बहुत सारे तकनीकी विकल्पों के सुलभ होने के बाद भी
कितना कुछ है जो कहने-सुनने, साझा करने की ज़द से बाहर चला
जाता है।
मसलन, पहाड़ों के ऊपर पड़े-बिखरे
पहाड़ जैसे पत्थर हमसे कुछ कहते हैं, लेकिन हम सुनते नहीं।
उन पर न जाने कितनी सदियों और सहस्राब्दियों तक के निशान पड़े हुए हैं
वे निशान क्यों बचे रहते हैं—क्या पहाड़ों की पीठ दुखती है?
क्या वे रात को रोते हैं?
हवा उनका माथा सहलाती है
झरने उन्हें नहलाते हैं

अँधेरा अपना बिस्तर बिछाकर उनकी नींद बन जाता है
रात में जब सब सो जाते हैं, तब नदियाँ अपने गीत रचती हैं
जिन्हें सुबह वे चिड़ियों और पत्तों के साथ मिलकर गाती हैं और चलती जाती हैं
जो कल-कल हम सुनते हैं, वह चल-चल भी हो सकती है
और हमें क्या मालूम, जिसे हम गाना समझते हैं, उसमें कितना रोना शामिल है
हो सकता है, नदी और पहाड़ जंगल के एकांत में आपस में बात भी करते हों
और परिंदों-चरिंदों और दरिंदों से भरी इस दुनिया में
आदमी नाम के चरिंदे या दरिंदे का ज़िक्र करके कुछ उदास हो जाते हों।

चार

जंगल, नदी और पहाड़ ने भी बना रखी है अपनी एक सोशल दुनिया
हवा उनके मोबाइल की सर्विस प्रोवाइडर है
पत्तों की खड़खड़ाहट से बनता है पहाड़ का सेल नंबर
चिड़ियों की चहचहाहट से जंगल का
और लहरों की कलकल से नदी का।
आसमान वह सोशल साइट है जिस पर बादल रोज़ अपना प्रोफ़ाइल बदलते हैं
नदी और पहाड़ अपनी एक-एक गतिविधि टैग कर देते हैं जंगल के नाम
झरने कभी-कभी कुछ शोख मुद्राओं वाली तस्वीरें चिपका देते हैं
और लंबे-उलझे, आसपास में सिर जोड़े खड़े पेड़ दार्शनिक मुद्रा में
एक बड़ा उलझा हुआ वाक्य छोड़ जाते हैं
जिन्हें गिलहरियाँ लाइक करती हैं और चिड़ियाँ शेयर।
वह एक अलग और विराट दुनिया है जिसका कोई मार्क जकरबर्ग नहीं है।

एक शाम वृन्दावन

एक

पहले हरे-भरे खेत मिले
खेतों के बीच से गुज़रता रास्ता मिला
वृन्दावन का पता बताते लोग मिले
ऊँचे-पक्के मकानों से घिरी-घुटी
आड़ी-तिरछी, बेहद सँकरी गलियाँ मिलीं
गलियों में बैठी, भीख माँगती विकलांग श्रद्धा मिली
जिससे आँख मिलाना मुश्किल था
अभाव मिला और अभाव में ढिठाई से चमकता संतोष मिला
जिससे तुक बिठाना मुश्किल था
मक्खियों से बचाकर रखे जाते पेड़ों की शक्ल में प्रसाद मिला
कारोबारी क़िस्म के पंडे मिले, पंडों जैसे कारोबारी मिले
उनकी कहानियाँ मिलीं, कहानियों में
धर्म और कारोबार को फेंट कर बनाई गई स्मृति मिली
जो दावा करती थी कि उसका हर्फ़-हर्फ़ सही है
तुलसीवन के पेड़ों से अटके-लटके बंदर मिले
डूबता हुआ सूरज मिला, उदास बहती यमुना मिली
टूटे हुए घाट मिले, खड़ी हुई नावें मिलीं
मगर जिसे खोजते-खोजते हम वहाँ पहुँचे थे,
वह वृन्दावन न जाने कहाँ खो गया, मिला ही नहीं।

दो

पढ़ने वाले रिंकू पंडित हमें 51 रुपये में वृन्दावन की सैर करा रहे थे,
कृष्ण और राधारानी के नाम
उनके मुँह से फूल की तरह नहीं धूल की तरह झर रहे थे
कुछ भूल की तरह भी झर रहे थे श्लोक और दोहे भी।
सोलह हज़ार वृक्षों वाले तुलसीवन में रोज़ रात को अब भी कृष्ण आते हैं
यह भरोसा उनकी आस्था से ज़्यादा उनकी कारोबार की ज़रूरत से
निकलता मालूम होता था
जब कृष्ण आते हैं तो ये सोलह हज़ार तुलसीवन के पौधे
सोलह हज़ार गोपियों में बदल जाते हैं
यह कविता एक नितांत दुनियावी क़िस्से की धूल में सनकर वहीं के
किसी मन्दिर में पड़े और घिसे पत्थर जैसी चिकनी हो गई मालूम होती थी
बताते-बताते रिंकू पंडित डराने भी लगे
सोलह हज़ार वृक्षों वाले इस तुलसीवन में रात को कोई नहीं रुकता
जो रुकता है, उसका दिमाग़ ख़राब हो जाता है या उसकी आँखें फूट जाती हैं
यहाँ तक कि बंदर भी शाम को निकल आते हैं
रिंकू पंडित ने हमें खूब घुमाया
मगर समझ में नहीं आई यह माया
गलियों में भटकते पाँव के साथ भटकता रहा
आस्थाहीन मन—थोड़ी अनमनी उदासी के साथ
थोड़े इस कौतूहल के साथ
कि क्या किसी ने इस वन के वृक्षों की गिनती की भी है?
थोड़ा इस ख़याल के साथ—क्या होगा गिनकर—ये दुनिया का नहीं,
दुनिया के बाहर का हिसाब है जो वन में नहीं मन में बसता है
जो इसमें फँसता है
वह भी एक तरह की पोंगी सांसारिकता का शिकार होता है।
दरअसल हम लोग जैसे जीने लगे हैं
वह आस्था-अनास्था से दूर जीवन का एक और प्रकार होता है

जिसमें कभी-कभार हर भ्रम को सत्य और हर सत्य को भ्रम
मानने की इच्छा होती है
और इस उलझन में, भटकन में, किसी ऊब-चूभ या डूब में
कविता मिले या कीच,
लगता है, वही अपने हिस्से का मोती है।

तीन

क्या कृष्ण को याद करूँ?
बताऊँ कि वह वृन्दावन नहीं बचा,
जिसने तुम्हें और तुमने जिसे रचा।
उसकी जगह बचा हुआ है किरचा-किरचा झूठ
और क्षत-विक्षत विश्वास,
कि यही वह जगह है
जहाँ राधारानी और गोपियों के साथ
तुमने रचाया था महारास।

लेकिन कृष्ण क्या कहेंगे?
कहेंगे तो तब जब वे यह सब सुनेंगे?
क्या है कोई सुनने वाला?
या कोई कहने वाला भी?
या सब समय की गढ़ी आकृतियाँ हैं
जो क़िस्सों में ढल गई हैं?
किसे हम खोजने जाते हैं?
कौन मिलता है, किसे पाते हैं?
या सब सिर्फ़ बातें हैं?
दरअसल यह आना-जाना
पूछना-बताना
विश्वास-अविश्वास
महाभारत या महारास

क्या सिर्फ़ बाहर के खेल हैं
क्या असल में हर जीवन एक कुरुक्षेत्र है
जहाँ स्मृति के या कल्पना के हथियारों से
हर कोई अपना युद्ध लड़ता है, अपने ढंग से जीता है?
जो किसी अन्तिम सत्य तक पहुँचा सके,
क्या ऐसी कोई गीता है?

चार

सूरज बुझ कर यमुना में गिर चुका था
नदी की सतह पर उसकी काली राख बिछी हुई थी
जिसे कहीं-कहीं रोशनी की बरछियाँ चीरती-सी थीं
पीछे बेडौल सन्नाटे घाटों का अनजानापन
हिदायत दे रहा था कि यहाँ से जल्दी निकल जाएँ।
तभी दिखी वह छोटी-सी बच्ची।
थाली में दीये सजाए।
ताकि कोई उससे खरीदे और सिराये।
दस रुपये में एक।
पता नहीं,
यह सस्ता पुण्य करने की इच्छा थी
या डूबते अँधेरे में एक टिमटिमाती लौ
जिसमें कभी-कभार हम अपनी ओझल आत्मा के
अचानक कुछ क़रीब चले आते हैं
लेकिन हमने भी दीया ख़रीदा
और
(बिना किसी अनुष्ठान के, बिना कोई मंत्र पढ़े, बिना कोई जाप किए)
उसे चुपचाप सिरा दिया।
नहीं मालूम,
नदी में कहाँ बुझा, कहाँ जा लगा
या किनारे पर ही लौट आया

वह दीया,
लेकिन वह एक लम्हा था
जब हमने खोए हुए वृन्दावन को,
उस बच्ची की आँखों की चमक में पा लिया।

ट्रेन में कविता

(दिल्ली से अजमेर जाते हुए ट्रेन में लिखी कविताएँ)

एक

सुबह पाँच बजे का रोशनियों में घुलता अँधेरा,
लौटते मौसम की रिमझिम बारिश,
आँखों में छूटी हुई नींद,
कुछ सोयी हुई-सी हलचलें,
कुछ उनींदे से कारोबार
इन सबके बीच शहर को और अपने को
एक लगभग सुनसान अँधेरे-उजाले के बीच
नए सिरे से पहचानते हुए
जब तुम ट्रेन में बैठते हो तो
कहीं जाने से ज़्यादा यहीं ठहर जाने की इच्छा सिर उठाने लगती है
जो देखा नहीं बरसों से वह दृश्य बाँधता है
जिस पर चले नहीं अरसे से
वह राह रोकती है
जिन बूँदों में तुम भीग रहे हो
उनकी एक अनदेखी झालर याद दिलाती है
जीवन चलने का ही नहीं,
रुकने का भी नाम है।

कि लगातार चलते रहना रुके रहने के बराबर होता है
और रुकना भी नए सिरे से चलने की शुरुआत हो सकता है।

दो

मगर ट्रेन चल पड़ी है
और चकित होकर तुम देख रहे हो
रुकने का विकल्प नहीं बचा
मगर अपने रुकने को अपने साथ तुम ट्रेन में भी ले आए हो
चलती हुई ट्रेन के बाहर दृश्य उल्टे पाँव भाग रहे हैं
भागते हुए खेत, भागते हुए पेड़
वह चिड़िया जो उड़ते-उड़ते भाग गई
यहाँ तक कि वह ठहरा हुआ पोखर भी
जिसे सुबह की हवा हिलकोर रही है
मगर अभागे तुम कि उसे महसूस नहीं कर सकते
क्योंकि शीशे के इस पार वह आ नहीं सकती।
बेशक, तुम्हारे संतोष के लिए कुछ बूँदें तुम्हारी खिड़की पर लगी बैठी हैं
कि सीख लो हमारी बोली तो हमसे भी बतिया लो।
यह सीखने की कोशिश में तुम यह लिख रहे हो
सोचते हुए कि पता नहीं कैसे दिख रहे हो
मगर क्या इतना काफ़ी नहीं
कि जब कुछ और मुमकिन न हो तो कविता की जा सकती है?
कि चलते-चलते भी ठहर कर ज़िन्दगी जी जा सकती है
और ऐसी भाषा सीखी जा सकती है जिसे बोल या समझ भले न सको,
अपने भीतर गुन लो, अपने आप से कह लो और सुन लो?

तीन

सबने कहा,
अजमेर जा रहे हो तो वहाँ भी जाना
और चादर ज़रूर चढ़ाना।

लेकिन चादर लाऊँगा कहाँ से?
अपने पास तो है ही नहीं
वह तो एक जुलाहे के पास थी
जिसने जस की तस धर दीन्ही चदरिया
मगर यह नहीं सिखाया कि जस की तस कैसे धरी जा सकती है
अपने हिस्से तो जो भी आई, उधार ली हुई आई
और सारे जतन के बाद भी ज़िन्दगी और ज़माने की धूल मिट्टी से
उसे बचा नहीं पाया
चाहूँ तो वहीं ख़रीद लूँ और चढ़ा दूँ
जैसे शायद लाखों लोग चढ़ाते हैं
मगर यह ख़रीदी हुई आस्था अब तक खोटी साबित हुई है
जिसका सहारा लेने से न अपना सम्मान बढ़ेगा न उसकी शान
जिसे सब ग़रीबनवाज़ कहते हैं।
अजमेर जाऊँ या निज़ामुद्दीन, काशी जाऊँ या प्रयाग,
जो अपने भीतर नहीं है, वह बाहर कैसे मिलेगा मुझे।
जाऊँ न जाऊँ, कुछ चढ़ाऊँ न चढ़ाऊँ
बस अपने होने के और अपने हिस्से की चादर
बहुत तार-तार न करने के विनम्र अभिमान के साथ जी पाऊँ—
दुनिया की सारी दरगाहों, सारे मन्दिरों, सारे इबादतख़ानों, प्रार्थना-गृहों से
दूर रहते हुए भी यही एक इल्तिजा है जो हमेशा दुहराता हूँ।

लौटते हुए

एक

जिस तरह जाते हैं हम
उस तरह लौट नहीं पाते
भले एक दिन बाद ही लौटें।
लौटते हुए कुछ और है
जो लौटता है हमारे साथ
एक ही दिन के अंतराल में
बहुत थोड़ा-सा बदल जाते हैं हम
इसलिए लौटना हो
तो जल्दी लौटना चाहिए
नहीं तो बरसों बाद लौट कर
पाते हैं हम
यह वह जगह तो नहीं
जहाँ लौटना था
यह भी कि जगह ही नहीं
हम भी अजनबी हो गए हैं
अपने आप से,
कुछ तो ऐसे भी होते हैं
जो जीवन-भर लौटने की बात करते हैं
मगर कभी लौट नहीं पाते

वे फिर भी ख़ुशक़िस्मत होते हैं
कि जो दुनिया कहीं और बची नहीं होती
वह उनके भीतर
अपनी पूरी रौनक के साथ रची होती है
असली अभागे वे होते हैं
जो लौटकर पाते हैं
कि वे पहुँचे नहीं खो गए हैं
कि वे वे नहीं रहे कुछ और हो गए हैं
कि वे एक ठुकराई हुई दुनिया के
बेख़बर बाशिंदे हैं जिनसे उनकी पहचान ही छिन गई।

19 बरस हो गए

एक छोटा-सा सूटकेस था,
एक बड़ा-सा झोला
जिसमें बिछाने के लिए चादर थी और
ओढ़ने के लिए कम्बल
और
एक छोटा-सा बैग, जिसमें
अख़बार में लिपटे हुए अलग-अलग पैकेटों में पड़ी थीं
कुछ रोटियाँ और सब्ज़ी
जो माँ ने दी थी बड़े जतन से सँभालकर
हिदायत देते हुए, कि समय रहते खा लेना
और
अगर बासी हो जाए तो छोड़ देना।
बस यही असबाब लेकर 19 साल पहले
इन्हीं दिनों—ठीक-ठीक बताऊँ तो—8 जुलाई, 1993 को
मैं रांची से दिल्ली के लिए चला था।

तब मूरी एक्सप्रेस दोपहर 3.45 को खुला करती थी
और
अगले दिन रात को 10 बज कर 20 मिनट पर पहुँचाती थी
लेकिन अक्सर वह दो-तीन घंटे लेट रहा करती

और इस तरह आधी रात के बाद
मैं रोशनी से चमचमाते इस शहर के स्टेशन उतरा था
जिसका नाम दिल्ली था।

उस रात इस अनजान शहर में किसी अजनबी की तरह खड़ा मैं
कुछ संशय से भरा था और कुछ उम्मीद से
और ढेर सारी यादों से
जो जैसे लगातार आवाज़ दे रही थीं लौट लौट आओ
लेकिन निकल पड़ने के बाद लौटना होता कहाँ है
तो अपना छोटा-सा सूटकेस, बड़ा-सा झोला
और एक बैग लेकर, जिसके पैकेटों में बँधी
माँ की दी हुई रोटियाँ बासी होने से पहले ख़त्म हो चुकी थीं
मैं बढ़ता गया आगे, बढ़ता गया आगे।
कई बार लगा खो गया हूँ, हर बार भरोसा दिलाया खोज लूँगा ख़ुद को
कई बार लगा लोग छूटते जा रहे हैं,
हर बार माना कि एक दिन चला जाऊँगा सब तक।
उसके बाद कई सफ़र किए
लेकिन वह सफ़र आख़िरी बना रहा
जो ऐसी जगह पहुँचा गया था जहाँ से लौटना नहीं ही हो पाया।
तो सब छूटते रहे, सब चलते रहे
दूर-दूर, अनजाने
जिसने उस आख़िरी सफ़र की रोटियाँ दी थीं
वह माँ दुनिया छोड़कर किसी और सफ़र के लिए चल दी
जो बचे हुए हैं, वे भी इतनी दूर हैं कि धुँधले से दिखते हैं
और उनकी आवाज़ें पहुँचती भी हैं तो पहचान में नहीं आतीं।
मैं ही कहाँ किसी से पहचाना जाऊँगा।
वह संशय से भरा नौजवान इन 19 वर्षों में
धूसर दाढ़ी वाला अधेड़ है
जो फुरसत मिलने पर स्मृतियों की जुगाली करता रहता है
और किसी पश्चाताप की तरह कविता लिखता रहता है चुपचाप।

एक बार कुमार गंधर्व को सुनते हुए

एक

आँख कुछ छलछलाती है
होंठ कुछ बुदबुदाते हैं
गले में कुछ अटकता है,
कुछ है जो आत्मा के पार जाता है
एक गंधर्व गाता है।

दो

आसमान कुछ और उठ जाता है
धरती के बंधन खुल जाते हैं
हवाओं की साँस थमने लगती है
एक हंस धीरे से उड़ जाता है
एक गंधर्व गाता है।

तीन

एक आलाप में सिमट आते हैं सारे दिगंत
इस आवाज़ का न आदि है न अंत
समय जैसे ठहर जाता है

सदियों का सन्नाटा तोड़ता हुआ
कोई कबीर आता है
एक गंधर्व गाता है।

चार

रागदीप्त रोम-रोम
प्रतिध्वनित व्योम-व्योम
अंबर दीये की तरह थरथराते शब्दों को
धरती की थाल में सजाता है
और फिर उन्हें सागर में सिरा आता है
एक गंधर्व गाता है।

पाँच

यह कौन है
जिसका गायन एक महामौन है?
झीनी-झीनी बुनी जाती है स्वरों की चादर
साथ में जिसके
एक उदात्त समंदर लहराता है
एक गंधर्व गाता है।

छह

बहुत भीतर पैठा हुआ अँधेरा
बहुत भीतर उतरा हुआ उजाला
सब जैसे सुरों की एक विराट लहर में बहने लगते हैं
तृष्णाएँ आँख मूँद लेती हैं
राग-विराग का एक दरिया किसी अनहद पर नज़र आता है
एक गंधर्व गाता है।

सात

हिरना
समझ-बूझ कर चरना
पत्ती-पत्ती घास-घास
धरती-धरती अकास-अकास
कोई बहेलिया जाल फैलाता है
एक गंधर्व गाता है।

रंग-रंग की कविता

रंग-1

लाल होता है हमारी ज़िन्दगी का सबसे तीखा रंग
हमारी दहकती हुई कामनाओं का वसंत उसमें बसता है
हमारे खौलते हुए ग़ुस्से का रंग भी यही है
हमारे ख़ून का भी, जो अदृश्य हमारी रगों में बहता है
और किसी भी चोट पर बलबला कर बाहर आ जाता है।
सूखे हुए ख़ून का रंग लाल नहीं रह जाता
वह काला पड़ने लगता है।
जंगलों की हरीतिमा में सबसे खिले लाल रंग बहुत दूर से नज़र आते हैं
यह जैसे हमारी धौंकनियों का रंग है—
हमारी जिजीविषा का वह अनंत वसंत
जिसमें हमारी सुलगती हुई ज़िन्दगी
सबसे चटख रंग में खिलती है।

रंग-2

नीला हमारी गहराई का रंग है
और हमारी ऊँचाई का भी।
सात आसमानों का रंग नीला है
सात समंदरों का रंग भी

वह हमारा सुरक्षा कवच है
हमारी आश्वस्ति की सूचना
हमारी नसों का रंग नीला है
जिसके भीतर बसता-बहता है लाल ख़ून।
सबसे देर तक बनी रहने वाली चोट नीली होती है।
देह नीली पड़ जाती है
पीठ नीली पड़ जाती है
नीला रंग जैसे वह मलहम है
जिसे समय नाम का वैद्य
हमारी ज़ख़्मी आत्माओं पर
और हमारी घायल पीठ पर मलता रहता है।
याद दिलाता हुआ कि यह टभकता हुआ दर्द
एक दिन हार जाएगा।

रंग-3

कई बार सबसे ज़्यादा खिलता है
अक्सर वसंत को साथ लिये मिलता है
फूलों का सबसे ज़्यादा पहचाना रंग है पीला
लेकिन ज़िन्दगी इसे हमेशा इसके चटख मिज़ाज के साथ नहीं देखती
हमारे डर का भी रंग पड़ जाता है पीला
हमारी थकान का भी नाम है पीला
हमारी बीमारी का भी नाम है पीला
लेकिन इससे उबर कर जीवन में लौटने का रंग भी है पीला।
इस पीले के बिना वह सुनहरा सम्भव ही न हो
जिसकी आभाएँ बहुरंगी हैं
यह पीला न होता तो सूरज अपनी शुष्क सफ़ेदी में कितना सपाट होता
चाँद का मक्खनी-मखमली रूप कैसे उभरता
हरे रंग की चुनरी ओढ़े धरती इस पीले के बिना कितनी इकहरी लगती
कभी पीड़ा का और कभी क्रीड़ा का रंग बन जाता है पीला।

रंग-4

हरा न होता तो यह दुनिया न होती
या फिर कितनी पथरीली, शुष्क और स्मृतिविहीन होती धरती
हरा जैसे हमारी स्मृतियों का रंग हो जाता है
हमारे ज़ख़्मों का रंग जो टीसते हैं, मगर
हमारे बचे रहने की ख़बर हमें देते हैं
हरे के जंगल में होते हैं अनगिनत प्रकारों के हरे रंग
हरे रंगों की झालर में मचलते हैं दूसरे सारे रंग
हरा हमारी संपूर्णता का रंग है
हरा रंग सबको समेटने वाला रंग है।
हरा रंग बचा रहेगा तो सारे रंग बचे रहेंगे।

खेल-खेल में मेरे नायक

मोहम्मद अली

सबसे अकल्पनीय मेरे लिए जीवन में
मुक्केबाज़ी का कोई मुक़ाबला देखना रहा।
बर्बर प्रहारों और लहूलुहान-ज़ख़्मी चेहरों के बीच
रोमांच का कौन-सा खेल होता है, यह कभी मेरी समझ में नहीं आया
सबसे ज़्यादा दूरी मैं बड़बोलेपन से बरतता रहा
जो तुम्हारे भीतर कूट-कूट कर भरा था।
सफलताएँ और उससे मिलने वाली चमक-दमक मुझे कभी बहुत लुभा नहीं पाईं
मेरी दराज़ों में बड़े या छोटे किसी भी सितारे का कोई ऑटोग्राफ़ नहीं है।
फिर वह कौन-सी चीज़ है मेरे कैसियस क्ले मेरे मोहम्मद अली
कि तुम्हारे जाने के बाद मुझे भी अपने भीतर कुछ बुझा हुआ-सा लग रहा है?
क्या बचपन की कौतूहल-भरी चर्चाओं से बनने वाला तुम्हारा वह महानायकत्व
जिसमें तुम लगभग अपराजेय लगते थे?
हालाँकि पराजित तुम्हें भी होना ही पड़ा था।
या उस अश्वेत अस्मिता-बोध का धुँधला-सा भान
जो गोरे वर्चस्व की दुनिया में तुम्हारी मौजूदगी बहुतों के भीतर पैदा करती थी?

या फिर बड़े होने के बाद की यह समझदारी
कि मुक्केबाज़ी को करिअर बनाने वाले तुम
युद्धों से नफ़रत करते रहे और वियतनाम युद्ध के विरोध के ख़मियाज़े में
जेल भी काटी और कुछ दिन की पाबंदी भी झेली?
वजह कुछ भी हो सकती है मोहम्मद अली,
लेकिन यह सच है कि इतने दिनों बाद तुम्हारे निधन की ख़बर से
मेरे भीतर भी कुछ चटखा है।
याद आया है कि नायक चाहे जितने भी बड़े हों,
वे छूटते जाते हैं, छूटती जाती हैं ज़िंदगियाँ
तुम भी तो धीरे-धीरे अदृश्य होते जा रहे थे हमारे लिए
पिछले कुछ वर्षों की अचेतन स्मृतिविहीनता के गर्त में डूबे हुए।
मृत्यु ने तुम्हें इस यंत्रणा से उबार लिया।
दरअसल फिर से याद दिलाते हुए
कि कोई चाहे कितना भी बड़ा क्यों न हो,
मोहम्मद अली भी क्यों न हो,
समय के रिंग में मौत अंततः एक दिन उसे हरा देती है।
लेकिन फिर भी कुछ है जो बचा रहता है
हमारे शोक, हमारी स्तब्धता, हमारी कातरता के बीच
विस्मृति के विरुद्ध किसी अनायास या सायास कार्रवाई की तरह
भरोसा दिलाता हुआ कि मृत्यु भले मार दे,
मोहम्मद अली हमारे भीतर बचा रहेगा।

सुनील गावसकर

तुम जो कमेंट्री करते हो, वह नहीं
तुम जो तमाम तरह की कमेटियों में बैठे, वह भी नहीं,
तुम जो एक सख़्त पेशेवर की तरह उचित ही
टीवी चैनलों में दिखाई पड़ते हो, वह भी नहीं
मैं तो उस सुनील गावसकर को याद करता हूँ जो बिना हेलमेट पहने
मार्शल, होल्डिंग, रॉबर्ट्स और गार्नर जैसे तूफ़ानी गेंदबाज़ों का

बेधड़क सामना करता था।
पर्थ, सिडनी, पोर्ट ऑफ स्पेन, मेलबॉर्न या ओवल
मेरे लिए कभी किसी भौगोलिक या राजनीतिक इकाइयों के नाम नहीं रहे
वे मानवीय उद्यम और साहस के वे मैदान रहे जहाँ हमारा
पाँच फुट पाँच इंच का नायक अक्सर एक अकेली जंग लड़ता दिखाई पड़ता था।
वह भूमंडलीकरण के वे दिन नहीं थे जब क्रिकेट को
बाज़ार ने भारत का राष्ट्रीय खेल बना डाला था
यह वे दिन थे जब इंग्लैंड, ऑस्ट्रेलिया और वेस्ट इंडीज़ जैसी टीमें हमें बड़ी आसानी से हरा दिया करती थीं।
लेकिन अक्सर तुम हार का प्रतिरोध करते पाए जाते थे।
पूरे-पूरे दिन, पूरे धीरज और एकाग्रता से बल्लेबाज़ी करते हुए
तुम न जाने किन-किन को छकाते-थकाते रहते।
क्रिकेट में तो मैं गली-मोहल्ले से आगे नहीं बढ़ पाया,
लेकिन जीवन में भी तुम्हारी शैली की नकल करने की कोशिश की—
बाहर जाती गेंदों को छेड़ने से बचता रहा।
कोशिश करता रहा कि एकाग्रता से करता रहूँ अपना काम,
लेकिन ऐसा साधु स्वभाव उतने ही गहरे समर्पण की माँग करता है।
अब जब खेल बदल गया है और ज़िन्दगी हो या क्रिकेट—
सबके व्याकरण टूट रहे हैं,
जब हमले को ही बचाव का इकलौता ज़रिया मान लिया गया है,
जब सुन्दरता पर बहुत आक्रामक क़िस्म की सफलता का आवरण चढ़ा है,
तब भी मुझे तुम ही याद आते हो—
वानखेड़े या ईडन गार्डन के मैदान पर, किसी खिलाड़ी की तरह नहीं,
किसी समाधिस्थ संत की तरह,
जिसे मालूम होता था कि वह शायद हार जाएगा,
लेकिन जो जानता था कि लड़ना फिर भी उसका धर्म है।
मेरे सुनील गावसकर, क्रिकेट हो या धर्म हो या राजनीति—
हर जगह असहनशीलता का ताप बढ़ता जा रहा है,

पैसा सारे नियम तय कर रहा है—
हो सकता है, तुम भी बदल चुके हो,
मगर मेरे जीवन की ओजोन परत तुम्हारे उन दिनों की स्मृति से भी
बनी रहेगी और जीवन को जीने लायक़ बनाती रहेगी।

जब तुम्हारे न रहने की ख़बर आई

(मुम्बई के रास्ते था। तभी वीरेन डंगवाल के न रहने की ख़बर सुनी। मन खराब हो गया। भिंची हुई रुलाई जैसा कुछ। इसी में जैसे-तैसे कुछ लिखा। यह श्रद्धांजलि नहीं है। पता नहीं क्या है।)

एक

सितम्बर की चमकती धूप में
नहा रहे थे हरे पत्ते, पौधे, पेड़
और रंग-बिरंगे फूल
कुछ उसी तरह
जैसे तुम्हारी कविताओं की रोशनी में
और उनके स्पर्श से
हमारी आत्माएँ निखर आती हैं
हम सब भीतर से कुछ चमक जाते हैं।
यह सुबह साढ़े आठ बजे का समय था वीरेन दा
जब मैं एक सफ़र पर निकला था
और तभी मिला तुम्हारे बहुत दूर निकल जाने का संदेश।
जैसे सारा दृश्य एक बार थरथराया और जड़ हो गया
धूप बुझ गई, पत्ते काले पड़ गए, फूल मुरझा गए, रास्ते खो गए,
सफ़र बेमानी हो गया,
तब उस अँधेरे में यह तुम्हारे शब्दों की ही उजली देह थी

जिससे किसी बच्चे की तरह कस कर चिपट गया मैं
जिसकी उँगली थामकर तुम्हारी कविताओं के जंगल में भटकता रहा
देर तक।

तुमने कहा है, इसलिए आएँगे उजले दिन,
लेकिन यह उजला दिन नहीं था।

दो

तब तुमसे बात करने की
बहुत गहरी इच्छा ने जकड़ लिया मुझे
जो कातर रुलाई में बस बदलते-बदलते रह गई
हमारे बीच न जाने कितनी स्थगित मुलाक़ातें रहीं
न जाने गपशप की कितनी अधूरी छूटी कामनाएँ
आत्मीयता और गर्मजोशी का वह छलकता हुआ समंदर जो तुम थे
न जाने कितनी धाराओं और नदियों को समाता रहा
अपने में
अक्सर दूर खड़ा रहा मैं
देखता रहा तृप्त भाव से वह लीला
और उसी से भरता रहा अपने अभाव को
मगर अब परदा गिर गया है
बत्तियाँ बुझ गई हैं
फिर भी एक छाया की तरह चल रहा है कोई
जिसे छूना चाहता है मन।
यह कौन है वीरेन दा?

तीन

वह एक और मन था राम का जो न थका
नीला आईना बेठोस टूट गया
अब तक न खोजी गई अभिव्यक्ति गुम हो गई
तुम्हारे जाने से याद आए वे सारे पुरखे

जिन्होंने तुम्हारे साथ मिलकर गढ़ा है मुझे चुपचाप
वहाँ जाना तो बताना
बहुत बेनूर होती जा रही हिन्दी की दुनिया
अब भी दाढ़ी वाले सप्तर्षियों की बदौलत
अपनी फ़कीरी और फक्कड़ता पर अभिमान करती है
कि ऐसे संसार में, जो अपने खाए-पिए, अघाए घमंड
के साथ सबको देखने और कुचलने का अभ्यासी हो चला है
तुम्हारी कविताएँ बची हुई हैं जिनमें इस अहंकार को ठोकर मारने का
साहस है
और पाने-खोने के खेल से परे
जीवन की वह सहज महिमा जिसे चूहे कुतर नहीं पाएँगे।
इसी से बनता है भरोसा कि उजले दिन आएँगे
मगर यह उजला दिन नहीं था कवि हमारे, रचयिता हमारे,
हर दुष्चक्र के पार जा चुके स्रष्टा हमारे।

दिल्ली में शोक सभा

(अरुण प्रकाश को श्रद्धांजलि सहित)

यह जो अपने आसपास हैं इतने सारे लोग बैठे
यह जो मैं हूँ इतने सारे लोगों के बीच बैठा
यह जो सभा है लगभग भरी हुई-सी
यह जो इतने सारे वक्ता
धीरे-धीरे मंच पर जाकर याद कर रहे हैं उस शख़्स को
जो धीरे-धीरे मंच से बाहर चला गया
बहुत सारे लोगों ने उसे आख़िरी बरसों में नहीं देखा था
वे उसकी बीमारी और आख़िरी दिनों के उसके जीवट की चर्चा करते रहे
बहुत सारे लोगों ने उसे बहुत पहले देखा था
जब वह युवा था और उम्मीदों और कहानियों ही नहीं,
कविताओं से भी भरा हुआ था
वह दूसरों के काम आता था अपनी बीमारियाँ छुपाता था
वह दोस्त बनाता था दुश्मन बनाता था दोस्ती याद रखता था
दुश्मनी भी याद रखता था
जो याद करने आए वे सब उसके दोस्त नहीं थे
कुछ दोस्त से कुछ ज़्यादा रहे होंगे और कुछ दुश्मन से कुछ कम
लेकिन दोस्ती-दुश्मनी छूट गई थी—

इसलिए नहीं कि मौत ने उस शख़्स को दूर कर दिया था,
बल्कि इसलिए कि मौत शायद उसे कुछ ज़्यादा क़रीब ले आई
वरना इस शहर में इतने सारे लोग बिना किसी न्योते के,
उसके लिए क्यों जुट आए?
वरना इस शहर में मैं जो बरसों से उससे नहीं मिला,
उसकी अनुपस्थिति से मिलने क्यों चला आया?
सभा में कुछ ऊब भी थी कुछ अनमनापन भी था
सभा के ख़त्म हो जाने का इन्तज़ार भी था कि सब मिलें एक-दूसरे से,
कुछ अलग-अलग टोलियों में चाय पिएँ
और कुछ अपनी-अपनी सुनते-सुनाते अपने घर चले जाएँ
लेकिन इतने भर के लिए आए दिखते लोग इतने भर के लिए नहीं आए थे।
उनके भीतर एक शोक भी था—बहुत सारी चीज़ों से दबा हुआ,
दिखाई न पड़ता हुआ,
किसी अतल में छुपा बैठा।
वह कभी-कभी सिहर कर बाहर भी आ जाता था।
कभी-कभी किसी रुँधे हुए गले की प्रतिक्रिया में भिंचा हुआ
आँसू बनकर आँख पर अटक जाता था
जिसे रुमालों से लोग चुपचाप पोंछ लेते थे
दूसरों से छुपाते हुए।
यह सिर्फ़ एक शख़्स के जाने का शोक नहीं था
यह बहुत कुछ के बीत जाने का वह साक्षात्कार था
जिससे अमूमन हम आँख नहीं मिलाते।
ऐसी ही किसी शोक सभा में याद आता है
जो चला गया कभी वह बेहद युवा था
उसके साथ बहुत सारे युवा दिन चले गए
कि समय नाम की अदृश्य शिला
चुपचाप खिसकती-खिसकती न जाने कहाँ पहुँच गई है
कब वह हमारे सीनों पर भी रख दी जाएगी

कि जो गया उसके साथ हमारा भी काफ़ी कुछ गया है
कि उसके साथ हम भी कुछ चले गए हैं
कि एक शोक सभा हम सबके लिए नियत है।

दिल्ली के निगमबोध घाट से लौटकर

(प्रियंका डोभाल की स्मृति)

एक

तेज़ उड़ती हुई धूल थी
आँखों में मचमचाता धुआँ था
धूप में बनती धुएँ की परछाईं थी
बहुत शोर था बहुत शोक था
फिर भी जीवन बेरोकटोक था
जलती चिताएँ थीं
भीगी हुई आँखें थीं
सूखे हुए आँसू थे
पुरानी यादें थीं
बीच-बीच में निकलती आहें थीं
एक शव आता था एक शव जाता था
जीवन फिर भी ढीठ की तरह मुस्कुराता था
कि किनारों पर बिखरी हुई गंदगी थी
धूल और राख से सनी कुछ गीली-सूखी लकड़ियाँ थीं
(जो कभी हमारी छाती पर भी रखी जानी थी)
मुड़े-तुड़े कीचड़ सने कपड़े थे
लेकिन नीला आसमान ऊपर से झुका चला आता था

दूर, इन सबसे निर्लिप्त यमुना न जाने कब से
न जाने ठहरी हुई थी कि बह रही थी
उस काले-हिलते पानी में एक नाव बँधी थी या खुली थी
चुप थी या आने को कह रही थी
एक ज़िन्दगी चिटख रही थी
कई ज़िन्दगियाँ ढह रही थीं
सबकुछ चल रहा था
सबकुछ रुक रहा था
मृत्यु का मेला था
जीवन का खेला था
सबकुछ काल का था
लेकिन काल अकेला था
कहीं कबीर हँसता था
कहीं कबीर गाता था
एक शव आता था
एक शव जाता था
जीवन ढीठ की तरह मुस्कुराता था

दो

फिर प्रियंका किन्हीं कपड़ों में गुड़ी-मुड़ी लिपटी
सूखी लकड़ियों के बीच
धीरे-धीरे जलने लगी
फिर चिटख-चिटख कर दुख सबके भीतर का बाहर आने लगा
फिर धीरे-धीरे आँख नम हुई, रुलाइयाँ उठीं, हिचकियों में बदलीं और मंद पड़ गईं
किसी ने किसी की पीठ थपथपाई
किसी ने किसी को दिया सहारा
फिर हम बाहर आए
कुछ घर कुछ दफ़्तर जाने की विवशता से बँधे

फिर शिवानी ने सब पर डाला थोड़ा-थोड़ा गंगा जल
फिर पीछे छूट गया निगमबोध घाट
फिर गाड़ियों की रेलमपेल के बीच दिल्ली आ गई।

तीन

लेकिन दुख हमारे पीछे-पीछे चलता रहा
वह कार की उस सीट पर बैठ गया
जहाँ कभी-कभी प्रियंका बैठा करती थी
वह उतना ही ठोस था जितनी ठोस हुआ करती प्रियंका
इसी दुख ने बताया
आदमी जल जाता है
लेकिन जलने के बाद भी बचा रहता है
वह धीरे-धीरे जाता है
हमारी स्मृतियों से बाहर
वह धीरे-धीरे मरता है
हमारी स्मृतियों के भीतर
और जितना वह मरता है
उतना ही हम भी मरते हैं
उतनी ही जगह किसी और के लिए बचती है
ताकि हम भी जनम सकें दुबारा।
चाहे जितना भी क्रूर हो, लेकिन यही सच है प्रियंका
कि एक दिन तुम चली जाओगी जाते-जाते
तुम्हें हम पूरी तरह खो बैठेंगे
बची रहेगी तुम्हारी याद
और तुम्हारे साथ-साथ कुछ अपनी भी याद।

✪✪✪